O pão e o vinho da terra

Alimentação e mediação cultural nas crônicas quinhentistas sobre o Novo Mundo

O pão e o vinho da terra

Alimentação e mediação cultural nas crônicas quinhentistas sobre o Novo Mundo

Rubens Leonardo Panegassi

Copyright © 2013 Rubens Leonardo Panegassi

Grafia atualizada segundo o Acordo Ortográfico da Língua Portuguesa de 1990, que entrou em vigor no Brasil em 2009.

Publishers: Joana Monteleone/Haroldo Ceravolo Sereza/Roberto Cosso
Edição: Joana Monteleone
Editor Assistente: Vitor Rodrigo Donofrio Arruda
Projeto gráfico e diagramação: Juliana Pellegrini
Revisão: Juliana Pellegrini
Assistente de produção: Gabriela Callegari

CIP-BRASIL. CATALOGAÇÃO-NA-FONTE
SINDICATO NACIONAL DOS EDITORES DE LIVROS, RJ

P218c

Panegassi, Rubens Leonardo
O PÃO E O VINHO DA TERRA – ALIMENTAÇÃO E MEDIAÇÃO CUL-
TURAL NAS CRÔNICAS QUINHENTISTAS SOBRE O NOVO MUNDO
Rubens Leonardo Panegassi.
São Paulo: Alameda, 2013.
212 p.

Inclui bibliografia
ISBN 978-85-7939-180-4

1. Usos e costumes 2. Cultura popular 3. Hábitos alimentares –
História. I. Título.

13-0442.   CDD: 390
                                  CDU: 39

                                          042302

ALAMEDA CASA EDITORIAL
Rua Conselheiro Ramalho, 694 – Bela Vista
CEP: 01325-000 – São Paulo, SP
Tel.: (11) 3012 2400
www.alamedaeditorial.com.br

"Graças aos meus gostos grosseiros, sinto-me suficientemente descarado para julgar-me mais feliz do que outro qualquer, antes do mais porque estou convencido de que os meus gostos me fazem suscetível de mais prazer."

(Giacomo Casanova, *História da minha vida*)

Sumário

Prefácio	9
Introdução	13
Capítulo I Da presença adventícia na América	27
Alimentação e cultura	27
Os gêneros nativos	44
Os alimentos estrangeiros	70
Capítulo II A Época Moderna e o estreitamento dos circuitos de comunicação: da relação com o meio	81
Atribuições irresolutas	81
O pão e o vinho da terra	98
Dieta e temperamento	129
Capítulo III Das relações humanas: aproximações no limiar das distâncias	145
Habilidades ausentes	145

A vida sob a "Lei Natural" 160

Entre o vício e a virtude 175

Conclusão 191

Fontes 195

Referências Bibliográficas 209

PREFÁCIO

Desde os primeiros contatos dos portugueses com os habitantes da América – e certamente ao longo da colonização das novas terras conquistadas – um dos grandes problemas a enfrentar dizia respeito à alimentação enquanto necessidade básica para a sobrevivência. Isso era válido não só para o dia a dia dos colonos, mas igualmente fundamental nas longas travessias marítimas e durante as expedições terrestres de reconhecimento do território. Sem víveres, seria impossível um empreendimento de tal envergadura. É por isso que os cronistas portugueses do século XVI, e demais observadores da época, sempre descreveram com detalhes a natureza americana, a fim de informarem sobre a disponibilidade de alimentos que pudessem garantir e ao mesmo tempo incentivar a vinda dos colonos para esse lado do Atlântico. Porém, para transformar em comida os produtos que a natureza oferecia era preciso aprender a processá-los a partir de um conjunto de operações físicas e mentais, às quais denominamos de cultura. É exatamente a dimensão cultural da alimentação que norteia o presente livro de Rubens Leonardo Panegassi, o qual ao tratar de um tema aparentemente simples e trivial, como a alimentação, revela a complexidade de um campo de estudos que a cada dia ganha mais destaque na historiografia brasileira. *O pão e o vinho da terra: alimentação e mediação cultural nas crônicas quinhentistas sobre o Novo Mundo* é um livro, contudo, que se iniciou bem antes da atual onda de interesse sobre alimentação, comida e gastronomia que tomou conta da nossa sociedade nos últimos anos, à exemplo do que vem ocorrendo em outros países. Tem o mérito também de ousar uma reflexão teórica e histórica sobre um tema que durante muito tempo foi considerado pouco digno do olhar de historiadores, embora tenha sido espaço privilegiado de ação dos antropólogos, desde o surgimento da disciplina. Trata-se, portanto, de uma obra inovadora principiada em um momento no qual, além dos estudos clássicos de Gilberto Freyre e Câmara Cascudo, havia muito poucos interlocutores no Brasil.

Assim, foi com alegria e entusiasmo – os mesmos que sinto hoje ao prefaciar este livro – que no início dos anos 2000 acolhi o pedido do autor para ler seu relatório final da pesquisa de Iniciação Científica, o qual se encontra na origem deste livro, embora bastante ampliado e modificado na posterior dissertação de mestrado que o consolidou. A familiaridade com a bibliografia específica, notadamente estrangeira, me surpreendeu na época e continua sendo um aspecto importante do livro, acrescida agora com uma análise documental rigorosa e um conjunto de informações históricas significativas sobre o século XVI. A relação entre colonização e alimentação tornou-se, dessa forma, o ponto comum e de partida do nosso intercâmbio de ideias, das nossas conversas e amizade. Pensar a alimentação não apenas enquanto práticas sociais – amplamente exploradas no livro – mas também como categoria analítica para melhor compreender as relações culturais entre portugueses e índios, católicos e pagãos é uma das grandes contribuições que este trabalho traz. No estudo de Rubens Panegassi, a alimentação se apresenta como mediador cultural no contato entre europeus e americanos, interferindo na construção das diferenças de identidade e de hierarquia social, numa clara leitura antropológica da documentação consultada. É no caráter simbólico da comida e no domínio do imaginário que a análise ganha densidade, evidenciando o impacto de sua formação e da influência dos estudos de sua orientadora na análise que empreende sobre a colonização portuguesa na América.

É certo que os problemas enfrentados pelos colonizadores no que toca a alimentação diferiram de região para região, assim como o sucesso ou não da aclimatação de produtos apreciados pelos europeus, pois por mais que os reinóis tenham consumido alimentos locais, sempre preferiram aqueles com os quais estavam acostumados. Em momentos de escassez, por outro lado, transformaram e adaptaram os alimentos básicos indígenas, como mostrou amplamente o autor em sua análise sobre a mandioca e o pão da terra. Mas nem tudo foi incorporação e adaptação em termos culturais de ambos os lados. Nesse sentido, a menção ao canibalismo no final do trabalho era inevitável já que, como apontado pelo autor, a alimentação foi um dos pontos para onde convergiu boa parte dos desentendimentos em relação à natureza e às humanidades do Novo Mundo.

Transitando, portanto, de temas centrais nos debates sobre a colonização e o imaginário relativos à América, à dieta dos agentes históricos envolvidos na ação colonizadora, Panegassi realiza um cuidadoso e sofisticado estudo de história da alimentação evidenciando sua importância no encontro cultural que ocorreu na América portuguesa, no século XVI. De forma bastante competente ele focou equilibradamente os dois lados participantes desse contato.

Ao longo dos capítulos, os leitores poderão acompanhar tanto a análise de certos hábitos alimentares dos habitantes do Novo Mundo, quanto as demais práticas e representações vinculadas a elas, a partir das impressões de cronistas quinhentistas leigos e religiosos os quais, visitando ou residindo definitivamente na colônia, foram permanentes observadores de seu cotidiano doméstico.

Com esse livro, os estudiosos da alimentação e do mundo natural, bem como aqueles que se dedicam à história do Brasil colonial, tem pela frente uma leitura prazerosa e surpreendente, pois o livro enfrenta certos mitos da alimentação brasileira.

Leila Mezan Algranti
Janeiro/2013

INTRODUÇÃO

Em sua *Histoire de l'alimentation végétale depuis la pré-histoire jusqu' à nos jours*, o botânico polonês A. Maurizio sugere que os hábitos alimentares tornam-se menos rígidos e mais aptos a adequarem-se a alimentos inusuais em situações cuja escassez de gêneros torna-se imperativa. Segundo o autor, em casos de extrema necessidade, sobrevém a opção por plantas alimentares outrora inutilizadas como fonte de subsistência, mas que eventualmente podem ser reabilitadas: estas plantas são denominadas *"interruptores de fome"*. Entretanto, a essas preciosidades vegetais jamais se atribui *status* similar ao dos vegetais já consagrados após a normalização do abastecimento tradicional.[1] Note-se que a problemática abordada pelo botânico converge, principalmente, para a dimensão da cultura material, ainda que não deixe de tangenciar o imaginário social ao sugerir que tais gêneros jamais são alçados ao mesmo *status* dos alimentos cotidianos.

Não há dúvidas de que o problema abordado por Maurizio impulsionou definitivamente esta investigação. No entanto, a tentativa de redimensionar a questão assentada em uma concepção de cultura material para o círculo das representações coletivas deu um

---

1   Ver MAURIZIO, A. *Histoire de l'alimentation végétale depuis la pré-histoire jusqu' à nos jours*. Paris: Payot, 1932. Ver o capítulo IV, "Le ramassage chez les primitifs actuels", sobretudo p. 38 e seguintes.

rumo bastante diverso à pesquisa: se, num primeiro momento, este estudo pretendia apreender os critérios acionados na valorização de alguns gêneros alimentares em detrimento de outros, no contexto da colonização da América portuguesa no decorrer do século XVI, no âmbito de uma evidente situação onde os alimentos habitualmente consumidos não se encontravam disponíveis – e que pode ser compreendida, portanto, como uma situação de "escassez cultural" de alimentos –, em um segundo momento, o intento foi de perceber o modo como a alimentação mediou a incorporação intelectual de um universo natural e moral absolutamente distinto, que a experiência do ocidente cristão na América paulatinamente revelava.

Como a alimentação mediou a incorporação intelectual do Novo Mundo por aqueles cristãos estrangeiros que o descreveram? Em linhas gerais, é esse questionamento que permeia este livro. Embora essa questão possa parecer uma corrupção inverossímil do problema original, ela resultou de um processo relativamente coerente e pôde ser elaborada, basicamente, a partir de dois eixos: o primeiro deles remete a uma concepção bastante generosa desse campo de estudos que é a alimentação. O segundo é o entrecruzamento desse objeto a outros temas contextuais, circunscritos ao período estudado.

Sobre a definição da alimentação como objeto de estudo no âmbito da História, vale recolocar uma questão oportunamente elaborada pelos historiadores Ulpiano T. Bezerra de Meneses e Henrique Carneiro em texto, já clássico, dedicado ao tema: "ao se falar de alimentação, de que se está falando, qual, precisamente, o objeto desse interesse, desses registros, crônicas e estudos?"[2] Como resposta ao questionamento os autores notam uma "grande oscilação de

---

2   MENESES, Ulpiano T. Bezerra de e CARNEIRO, Henrique. "A História da Alimentação: balizas historiográficas". In: *Anais do Museu Paulista – História e cultura material.* São Paulo: USP, vol. 5, jan./dez. 1997, p. 10.

sentido" em relação à definição do assunto. Contudo, indicam diferentes focos para abordá-lo e sublinham que a natureza de tal objeto muda de acordo com o enfoque que lhe é dispensado.[3] De fato, um objeto se constrói em função da perspectiva com que é abordado. Ele se constitui, portanto, como resposta a um questionamento.

Com efeito, há cinco enfoques predominantes entre os estudos dedicados à alimentação: o biológico, o econômico, o social, o cultural e o filosófico.[4] Dentre eles, este estudo procurou dispensar atenção particular ao enfoque cultural, principalmente à medida que é a partir dele que se pode observar as significações sociais associadas à alimentação: é possível compreender a obtenção, o preparo e o consumo dos alimentos como espaços de articulação de sentidos e valores socioculturais.[5]

Considere-se, portanto, que um dos eixos norteadores da problemática contida neste livro foi a tentativa de conceber a alimentação em perspectiva cultural. Entretanto, essa tarefa esteve associada a um segundo eixo, que dá profundidade histórica ao primeiro, uma vez que pode ser compreendido como um dos fenômenos que marcaram o início da Época Moderna: o "descobrimento" do continente americano. Desse modo, a partir da sobreposição desses dois eixos, a questão da alimentação ganha relevo quando considerada no interior da dinâmica dos "processos culturais" acionados na situação de contato entre os estrangeiros que

---

3   MENESES, Ulpiano T. Bezerra de e CARNEIRO, Henrique. *Op. cit.,* conferir p. 11.

4   Conferir *idem*, p. 11-18. Por sua vez, Silvana P. de Oliveira e Annie Thébaud-Mony apresentam quatro perspectivas de análise do tema da alimentação: a perspectiva econômica, a perspectiva nutricional, a perspectiva social, e, por fim, a perspectiva cultural (OLIVEIRA, Silvana P. de. e THÉBAUD-MONY, Annie. "Estudo do consumo alimentar: em busca de uma abordagem multidisciplinar". *Revista Saúde Pública*. São Paulo: USP, 31(2), 1997, p. 201).

5   Ver MENESES, Ulpiano T. Bezerra de e CARNEIRO, Henrique. *Op. cit.*

marcavam sua presença na América, a natureza que os cercava, e os habitantes nativos da terra.

O que se coloca, portanto, é um problema macroscópico e efetivamente binário: por um lado o estrangeiro cristão e, por outro, o nativo *gentio* e seu mundo. Sem dúvidas, entre esses dois extremos há uma variação gradativa que pulveriza cada um desses grupos em fragmentos de variáveis diversas, com problemas específicos. No entanto, operar nessas extremidades significa, de algum modo, recuperar uma sugestão bastante significativa para o historiador que pretende se debruçar sobre o tema da alimentação: o conceito de civilização. Sobretudo por meio da noção de "plantas de civilização".

Segundo Fernand Braudel, o advento dos cereais cultivados no período Neolítico impôs à humanidade os alimentos vegetais como gêneros de base. Com isso, a cultura especializada desses gêneros incidiu em uma ou em outra planta em detrimento das demais. Essas opções alimentares constituíram-se como plantas "que organizaram a vida material e por vezes a vida psíquica dos homens com grande profundidade, ao ponto de se tornarem estruturas quase irreversíveis":[6] são as "plantas de civilização", entre as quais Braudel situa o trigo, o arroz e o milho.

Nessa perspectiva, enquanto o arroz foi a opção alimentar das grandes civilizações do Extremo Oriente e o milho predominou nas civilizações pré-colombianas, a civilização europeia optou pelo trigo. No que tange ao papel do trigo na Europa, é certo que ele jamais esteve sozinho: a espelta, a cevada, o milhete, a aveia e o centeio o acompanharam, ainda que na condição de supletivos, tal como ensina Braudel.[7] Não obstante o trigo esteja longe de exercer

---

6   BRAUDEL, Fernand. *Civilização material, economia e capitalismo, séculos XV-XVIII. As estruturas do cotidiano: o possível e o impossível.* Trad. Telma Costa. Lisboa: Teorema, p. 84.

7   BRAUDEL, Fernand. *Op. cit.,* p. 85 e seguintes.

O pão e o vinho da terra   17

hegemonia efetiva, é dele, preferivelmente, que se faz o pão. Este sim, considerado o alimento por excelência na Europa cristã: é preciso levar em conta que no horizonte do cristianismo o pão significa, por metonímia, alimento.

Com efeito, o que se apresenta é a civilização cristã – que encontra no consumo do pão quase uma "condição" de humanidade – diante de uma experiência sem precedentes em sua história: a singularidade da descoberta da América e dos povos americanos deve ser compreendida como um evento excepcional para o Ocidente cristão, sobretudo diante do consequente esforço europeu em instituir no Novo Mundo seus costumes e modos de vida. De fato, a presença europeia na América envolve uma série de ajustes e rearranjos culturais elaborados à medida que se impunha a necessidade de obter respostas concretas em função de sua inserção nesse universo.

No entanto, debruçar-se sobre a questão dos descobrimentos e a inserção europeia no continente americano ao início da Época Moderna traz algumas implicações. E uma delas é a consideração do fenômeno da expansão cristã e a formação dos impérios coloniais, notavelmente a crença do cristianismo em seu potencial hegemônico enquanto ordem cultural, moral e política.[8] Na perspectiva da cultura esse processo se revela à medida que o esforço de compreensão se volta à dinâmica da percepção estrangeira de alguns elementos fundamentais para a elaboração de uma "topografia das diferenças" e cuja constituição remete, particularmente, a duas instâncias: a primeira delas consiste na relação do europeu cristão com a natureza americana, enquanto a segunda está em sua relação com a humanidade americana. Diante disso, o tema da alimentação

---

8   Ver PAGDEN, Anthony. *Señores de todo el mundo. Ideologías del imperio en España, Inglaterra y Francia (en los siglos XVI, XVII y XVIII)*. Trad. M. Dolors Gallart Iglesias. Barcelona: Ediciones Península, 1997. Ver o Capítulo 2, "Monarchia Universalis".

adquire relevância à medida que, tanto quanto a linguagem ou a religião, ela pode ser compreendida como matriz identitária ou, em termos mais específicos, como fundamento etnocêntrico.[9]

Oportunamente, o historiador Anthony Pagden observou que, ao longo da História, a constituição dos impérios sustentou-se mais pela reunião e unificação de remotas e distintas regiões do que, propriamente, por sua conquista e submissão.[10] Diante disso é necessário pressupor que esse fenômeno só foi possível em função de uma bem sucedida capacidade, intrínseca aos grupos que aspiram à hegemonia imperial, de elaborar códigos universalizadores. Esses códigos remetem à necessidade de incorporar e compatibilizar as diferenças no interior de um horizonte cultural que reitere uma ação efetivamente assimiladora. Com isso, o fenômeno do contato intercultural é abordado, aqui, não por aquilo que esta relação exprime em termos de possibilidade de conhecer uma cultura *outra*, mas sim pelo que ela representa enquanto produto de um lugar epistemológico herdado, que procura, tão somente, a "ordem natural das coisas do mundo", ou seja, a justificativa de sua hegemonia.

Nesse sentido, é preciso notar que em termos cognitivos a situação originada pelo contato estabelecido entre o europeu do início do século XVI e o Novo Mundo esteve circunscrita à sua herança intelectual: esse homem não detinha instrumentos mentais adequados para descrever e classificar tanto a diversidade humana presente na América quanto a multiplicidade e exuberância de seu meio. Com isso, encontrou no âmbito de sua experiência acumulada o

---

9   Ver VALERI, Renée. "Alimentação". In: *Enciclopédia Einaudi,* vol. 16. Homo-Domesticação/Cultura material. Lisboa: Imprensa Nacional/Casa da Moeda, 1989.

10 Ver PAGDEN, Anthony. *Povos e impérios: uma história de migrações e conquistas, da Grécia até a atualidade.* Trad. Marta Miranda O'Shea. Rio de Janeiro: Objetiva, 2002.

O pão e o vinho da terra   19

limite mais expressivo de suas observações.[11] Com efeito, diante da nova realidade que representou o espaço americano, seria enorme a dificuldade de enquadrar e classificar a intensidade das novas experiências. Desse modo, as descrições das novas terras e seus habitantes teriam em vista, a princípio, mais a tradução dessas experiências a partir de conexões com sua própria cultura do que, propriamente, compreendê-las "por si".

Portanto, a relação entre o europeu cristão, o mundo natural americano e sua humanidade se constituiu a partir da mediação de sua experiência por categorias fundamentalmente etnocêntricas. Instauravam-se, com isso, referenciais que não apenas situavam tal experiência a partir de uma necessária correlação, mas principalmente avaliavam, enfaticamente, as diferenças mais notórias. Com efeito, seja por meio da redução das diferenças através da inserção do Novo Mundo em um horizonte cultural de correlações possíveis, seja por meio da avaliação moral dessas diferenças, o que norteava a percepção cristã era a certeza de seu universalismo.

Enfim, o problema que orienta este livro constituiu-se a partir da "elaboração cultural" do continente e da humanidade americana: a dificuldade do europeu cristão do século XVI em compreender a realidade que se exibia na ocasião de sua experiência na América foi solucionada pela convicção etnocêntrica de sua superioridade moral. Um princípio simultaneamente assimilador e excludente, uma vez que as equidades estabelecidas no intuito de decodificar o Novo Mundo tendiam, sempre, à instauração de uma hierarquia cultural, cujo ápice era ocupado, definitivamente, pela Europa e o europeu cristão.

---

11 Ver PAGDEN, Anthony. *La caída Del hombre natural. El indio americano y los orígenes de la etnología comparativa.* Trad. Belén Urrutia Domínguez. Madrid: Alianza Editorial, 1988. Sobretudo o capítulo 1, "El problema del reconocimiento".

As breves considerações tecidas até aqui dispensaram especial atenção à trajetória percorrida para a elaboração do problema fundamental que norteia este livro. Contudo, indagar sobre o papel mediador da alimentação na incorporação intelectual do Novo Mundo a partir das descrições coevas impõe, também, as próprias descrições como elemento da problemática. Diante disso, vale apresentar o papel desempenhado pelas fontes na construção dessa questão.

O historiador João Pedro Ferro, debruçado sobre o tema da alimentação em Portugal, elaborou uma tipologia das fontes para o pesquisador que pretende obter informações a respeito dos alimentos consumidos através da História. Para o período compreendido entre os séculos XII e XVI, Ferro sugere, a princípio, a utilização dos livros de culinária. Contudo, ainda que estes livros apontem para possibilidades gastronômicas, Pedro Ferro ressalta sua ineficiência em acessar o regime alimentar cotidiano. Em função disso, para se aproximar do cotidiano alimentar desse período, o autor propõe a utilização de descrições contidas em fontes de tipo narrativa, tais como anais, crônicas, livros de linhagens e histórias, bem como crônicas de ordens religiosas e outras fontes de caráter literário, sejam elas em prosa ou em poesia. Ainda no âmbito desse primeiro tipo de fontes, menciona os relatos de estrangeiros, as cartas e os sermões. Por sua vez, o segundo tipo de fontes apontado por João Pedro é o documental, onde se encontram as de caráter legislativo. Por fim, há também outras fontes mencionadas por Ferro, entre as quais é possível citar as cartas de quitação, os tratados científicos e as correspondências particulares.[12]

Tal como foi apontado, a princípio esta pesquisa pretendia compreender a elaboração de critérios para a valorização – ou rejeição – de gêneros alimentares em uma situação de "escassez cultural"

---

12 Ver FERRO, João Pedro. *Arqueologia dos hábitos alimentares*. Lisboa: Publicações Dom Quixote, 1996. Sobretudo "Introdução".

O pão e o vinho da terra   21

de alimentos, ou seja, verificar o modo pelo qual um determinado grupo social elaborou um repertório alimentar em uma ocasião na qual o acesso aos alimentos que lhes eram tradicionalmente conhecidos estava impossibilitado. O contexto da ocupação e colonização da América pela monarquia portuguesa no decorrer do século XVI seria o palco para a observação desse fenômeno: as constantes tentativas do europeu de reconstituir em terras americanas seus antigos meios de vida estimularam a reelaboração de práticas culturais tradicionais, tal como, por exemplo, a utilização da farinha de mandioca em substituição à farinha de trigo. Seria, portanto, a esfera do viver cotidiano o lugar privilegiado para se verificar as adaptações e resistências intrínsecas a essa dinâmica.

Tendo, portanto, como horizonte de investigação o cotidiano alimentar na América do século XVI, o tipo mais recomendado de fonte a ser utilizado era a narrativa – de acordo com a tipologia proposta por João Pedro Ferro. Com efeito, a partir da leitura dos tratados, das histórias, das cartas e das poesias elaborados no decorrer do primeiro século da presença portuguesa na América, a problemática ganhou novo contorno, sobretudo em função da qualidade das informações intrínseca a esse tipo de fonte.

Entre essas fontes, são abundantes as informações relativas a dois elementos fundamentais na composição da problemática deste livro: a natureza americana e seus habitantes. As narrativas contemporâneas são o contraponto concreto da questão anteriormente apontada em termos abstratos: é unicamente a partir delas que se pode perceber o acervo de referenciais mobilizados para a objetivação e a avaliação do Novo Mundo.

De fato, no que se refere à natureza, as narrativas descrevem os mares, os rios e os lagos que a compõem; descrevem também o território, suas características e propriedades mais evidentes; assim como sua fauna e sua flora. Sem sombra de dúvidas, a observação empírica era um elemento fundamental na constituição desse acervo de referências que permitia aos homens do século XVI compreender sua experiência na América. Contudo, embora atuante, o elemento empírico era, constantemente, confrontado com aquilo que compunha sua herança intelectual: a geografia antiga, a filosofia e outras modalidades de conhecimentos legados pela Antiguidade. Ao que se pode acrescentar – levando em conta que se trata de um período efetivamente religioso – as Sagradas Escrituras.[13]

Paralelamente à natureza americana, essas narrativas se detêm sobre os habitantes nativos da América. Na descrição dos temas indígenas, ganham relevo questões relacionadas à cultura local, principalmente à religiosidade autóctone, ao seu modo de legislar e às suas práticas políticas ou – o que parece ser mais verdadeiro no caso das populações semissedentárias que habitavam a Costa Leste do continente sul-americano – à ausência delas. Contudo, o fato mais notório na perspectiva desses registros é o total desconhecimento do Evangelho entre os povos ameríndios. Constatação que reitera o papel privilegiado que as Escrituras ocupavam no pensamento da época, sobretudo à medida que carregam, consigo, a questão da origem do homem no Novo Mundo: o pressuposto bíblico da descendência do gênero humano de um único par de genitores obriga o homem do século XVI a contestar a hipótese da "natureza americana" do homem americano.[14]

Com efeito, no intuito de desenvolver o tema da alimentação como elemento articulador dessa multiplicidade de informações contidas nas fontes, a pesquisa priorizou as referências que permitissem delinear o universo simbólico ligado aos alimentos;

---

13 Ver O'GORMAN, Edmundo. "Estudio Preliminar". In: ACOSTA, José de. *Historia natural y moral de las Indias*. México: Fondo de Cultura Económica, 1962.

14 Ver O'GORMAN, Edmundo. *Op. cit.*

principalmente sua emergência enquanto elemento objetivador, cuja atuação permitia ao europeu presente no Novo Mundo, simultaneamente, "perceber" uma nova situação e "se perceber" em relação a ela. Todavia, vale observar que, em função da dispersão das informações referentes ao tema, o recorte geográfico ganhou extrema flexibilidade. E isso possibilitou o exame de dados referentes a regiões descontínuas: em muitos aspectos, o que se apresenta ao longo da pesquisa deve ser compreendido mais como elemento aglutinador da América ocupada pelas monarquias ibéricas do que, propriamente, como elemento diferenciador de uma cultura ou de uma região específica.

Uma vez delineadas as alusões ao tema da pesquisa nas fontes, foi possível distinguir alguns conjuntos de elementos inerentes às descrições. Nesses conjuntos, os códigos culturais relacionados à alimentação desempenham importante papel na percepção da continuidade existente entre homem e natureza para a elaboração de uma "topografia das diferenças": o primeiro deles remete à presença europeia em terras americanas; o segundo se refere à sua relação com o mundo natural. O terceiro e último diz respeito a sua relação com a humanidade americana. Esses três conjuntos de elementos compõem a base dos três capítulos existentes no livro.

O primeiro desses capítulos, intitulado "Da presença adventícia na América", foi composto a partir da constatação de uma considerável negligência por parte do europeu em relação às contribuições alimentares americanas: com efeito, os gêneros nativos do novo continente eram estranhos ao repertório alimentar do estrangeiro. Contudo, ainda que o estranhamento seja notório, está longe de ser preponderante: existe uma evidente abertura em relação à utilização de alguns gêneros locais. O capítulo está dividido em três partes: a primeira procura apresentar o tema da alimentação como chave de acesso a um sistema de valores culturais produzidos historicamente;

a segunda parte se detém nas descrições dos mantimentos existentes na América e que não eram conhecidos na Europa; a terceira se dedica a recompor os gêneros que integram o repertório alimentar estrangeiro e que de algum modo foram mencionados em suas narrativas, seja a partir da tentativa de adaptá-los nas novas terras, seja por meio de sua menção como referencial comparativo.

O segundo capítulo intitula-se "A Época Moderna e o estreitamento dos circuitos de comunicação: da relação com o meio". Este aborda a assimilação do mundo natural americano sob a perspectiva da tradição intelectual do Ocidente cristão, sobretudo por meio da descrição do novo continente e a confrontação dessas informações tanto com os autores da Antiguidade quanto com as Sagradas Escrituras. Como o anterior, este capítulo se divide em três partes: a primeira delas remete a alguns tópicos que orientaram as descrições do novo continente e que ora lhe atribuíam qualidades positivas, ora negativas. A oscilação dessas qualidades compõe um quadro de irresolução frente às características do mundo natural americano, o que redunda no estabelecimento de equidades em função de uma necessária redução das diferenças.

Ainda no que se refere a este segundo capítulo, a parte segunda trata, particularmente, do mencionado processo de equalização das diferenças por meio do estabelecimento de correlações entre os produtos nativos da América e outros, mais característicos do continente europeu. No entanto, procura focalizar as implicações dessa dinâmica quando ela envolve gêneros de grande importância, como são as "plantas de civilização". Por fim, a terceira parte retoma o tema da integração do mundo natural, contudo, agora sob a perspectiva do saber médico: a desassociação dos usos do mundo natural em seu contexto nativo significa, para o estrangeiro, a instauração de novos horizontes de significado desse universo.

Por fim, o capítulo terceiro, denominado "Das relações humanas: aproximações no limiar das distâncias". A proposta deste capítulo é dissertar sobre a integração do homem americano e seus costumes em sua relação com o cristão europeu: a comparação entre os diferentes modos de vida em relação – no caso as práticas relacionadas à alimentação – permitiu o estabelecimento de uma hierarquia entre as sociedades que, por sua vez, instituía a responsabilidade e a moral dos cristãos na condução dessas sociedades inferiores à congregação de fiéis. Por sua vez, este capítulo também está dividido em três partes: na primeira expõe-se a sempre manifesta caracterização defectiva do autóctone americano, elemento que permite compreendê-lo como a antítese do cristão; a segunda parte se dedica a discutir a aptidão "inata" dos povos americanos em abraçar o cristianismo como única religião; enfim, a última parte remete ao potencial perversivo dos povos americanos, cujo estímulo era promovido, sobretudo, pelo desregramento característico de seus hábitos anteriores ao cristianismo.

Capítulo 1
Da presença adventícia na América

"O mundo é para quem nasce para o conquistar."
(Álvaro de Campos, "Tabacaria")

Alimentação e cultura

Nos primeiros anos do século XVI, diante das novas terras recém-descobertas, Dom Manuel I deparou-se com o problema de integrá-las aos domínios portugueses. Em função da impossibilidade de seguir, na Terra de Santa Cruz, com o mesmo modelo de ocupação adotado nas ilhas do Atlântico, o rei optou pelo estabelecimento de feitorias comerciais, tal como adotado anteriormente na costa da África.[1] Assim, o pequeno reino ibérico, seguindo uma tradição

---

1 JOHNSON, H. B. "A colonização portuguesa do Brasil, 1500-1580". In: BETHELL, Leslie. (org.). *História da América Latina Colonial I,* vol. 1. Trad. Maria Clara Cescato. São Paulo/Brasília: Edusp/Fundação Alexandre Gusmão, 1998, p. 241-281.

comercial mediterrânica,[2] constituía-se como um império baseado em feitorias.

Entretanto, a fragilidade das feitorias na América ficou evidente ainda na primeira metade do século XVI. A contestação dos direitos portugueses àquelas terras, que tradicionalmente eram legitimados pelo direito canônico medieval, dispunha de críticos tenazes, principalmente entre os tomistas. Com efeito, ao passo que santo Tomás de Aquino foi professor na Universidade de Paris,[3] não é difícil compreender a persistente contestação francesa aos direitos portugueses na América, bem como sua insistência em comerciar na região: a corte francesa recusava-se a acatar as pretensões lusas por não se fundamentarem na ocupação efetiva das terras.

Com isso, por volta de 1530 – desta vez sob o governo de Dom João III – o rei e seus conselheiros se decidiram por um modelo de colonização que estimulasse a ocupação efetiva de suas pretensas terras recém-descobertas: este modelo foi o das capitanias hereditárias.[4] É esse o contexto no qual se inscreve a carta que João de Mello Câmara destinou a "O Piedoso" rei. Na correspondência, além de comprometer-se com as despesas de um ambicionado assentamento, o vassalo afirma que:

---

2   A respeito da tradição mediterrânica de *trading posts Empire*, ver BRAUDEL, Fernand. *Civilização material, economia e capitalismo: séculos XV-XVIII. O tempo do mundo.* Trad. Telma Costa. São Paulo: Martins Fontes, 1996. Capítulo 2

3   Sobre a importância da Universidade de Paris na formação de santo Tomás de Aquino e na revivescência renascentista do direito romano, consultar: SKINNER, Quentin. *As fundações do pensamento político moderno.* Trad. Renato Janine Ribeiro e Laura Teixeira Motta. São Paulo: Companhia das Letras, 1996.

4   JOHNSON, H. B. *Op. cit.*

os homens que comigo hão de ir são de muita substância, pessoas muito abastadas, que podem consigo levar muitas éguas, cavalos, gados e todas as outras coisas necessárias para frutificamento da terra, e são tais que para a conquistarem e subjugarem, em nenhuma parte saberia buscar outros que mais para isso fossem, e não são homens que estimam tão pouco o serviço de vossa alteza e suas honras, que se contentem com terem quatro índias por mancebas e comerem dos mantimentos da terra, como faziam os que dela agora vieram, que esses são os que lá querem tornar por moradores e outros tais e para isso a v.a. de respeitar a qualidade de uns e outros para escolher o de que for mais servido quanto mais que eu não quero senão razão e seu serviço e creia v.a. que se me tiver nessa terra, que são homens que lhe posso fazer muito serviço, assim no frutificamento dela como em a conquistar, porque me vem já de meus avós fazê-lo assim, porque a ilha da Madeira meu bisavô a povoou e meu avô a de São Miguel e meu tio a de São Tomé.[5]

No excerto transcrito, o fidalgo é eloquente quanto aos seus propósitos na Terra de Santa Cruz: conquistá-la, povoá-la e fazê-la frutificar. De fato, o objetivo das capitanias hereditárias na América portuguesa não foi outro se não estimular, simultaneamente, o povoamento e o desenvolvimento econômico local. Ainda que os grandes nobres e magnatas de Portugal não tenham demonstrado interesse nos direitos de domínio sobre os territórios da costa

---

5   "Carta de João de Mello Câmara". In: *Trabalhos náuticos dos portugueses, séculos XV e XVI* (compilação). VITERBO, Sousa. São Paulo: s.e., 1922, p. 216.

americana, inúmeros foram os aristocratas oriundos da pequena nobreza dispostos a assumir as concessões de terra.[6] O próprio Cristóvão Jaques, que em sua primeira viagem ao Brasil, entre 1516 e 1519, estabeleceu uma feitoria em Pernambuco, se propusera a trazer mil colonos para povoá-la.[7]

Por sua vez, na ânsia de servir ao rei, Mello Câmara apela a alguns dos princípios mais elementares da organização social ibérica do século XVI. É notável, nesse sentido, que a respeito das potencialidades dos homens que o acompanharão, o fidalgo afirme que em nenhuma outra *parte* haveria de encontrar outros tão dispostos e capacitados ao empreendimento. A despeito da real *sustancya* de seu grupo, vale reter o aspecto localista da asserção. É nessa perspectiva que James Lockhart e Stuart B. Schwartz sublinham a grande importância que os povos ibéricos davam à província, que juntamente com "a cidade e a vizinhança eram os pontos de referência fundamentais que ajudavam os indivíduos a se definir em relação aos outros".[8] Daí o evidente caráter regional dos membros da expedição, que, originários do mesmo local, certamente partilhavam costumes e tradições comuns. É possível perceber ainda, a partir da carta, um etnocentrismo que, longe de ser exclusivamente ibérico, foi compartilhado em maior ou menor grau por todo grupo humano através da História. A propósito, é desse etnocentrismo

---

6   LOCKHART, James e SCHWARTZ, Stuart B. *A América Latina na época colonial.* Trad. Maria Beatriz de Medina. Rio de Janeiro: Civilização Brasileira, 2002. Capítulo 6.

7   Ver em HOLANDA, Sérgio Buarque de. "As primeiras expedições". In: HOLANDA, Sérgio Buarque de. e CAMPOS, Pedro Moacyr. *História geral da civilização brasileira.* Tomo I. A época colonial. Do descobrimento à expansão territorial. São Paulo: Difel, 1981.

8   LOCKHART, James e SCHWARTZ, Stuart B. *Op. cit.,* p. 21.

que deriva a presunção de serem os costumes do grupo em questão sempre superiores aos dos outros.[9]

Por outro lado, frente ao regionalismo, a única instituição que possuía importância similar em termos emotivos no âmbito do senso de identidade dos ibéricos era a família.[10] É essa a perspectiva que o vassalo adota na carta para justificar suas pretensões diante do rei: sublinha suas relações de parentesco, bem como os serviços prestados por sua família à Dinastia de Avis na colonização das ilhas atlânticas. No âmbito de uma família patriarcal fundamentalmente inclusiva,[11] em função da própria frouxidão da estrutura social ibérica,[12] sem dúvida havia espaço para a autonomia individual e, portanto, Mello Câmara procurava espaço para si.

A partir da necessidade de fazer valer seus méritos e ganhar prestígio em busca de ascensão social e da manutenção de um estilo de vida aristocrático, João de Mello Câmara se deixa apreender em meio a um universo de referenciais que orientam suas preferências, suas escolhas e seus juízos. Entre alguns de seus mais elementares princípios, como a qualidade que confere a seus conterrâneos, ou seus laços de parentesco, há também uma série de referências laterais que, no entanto, permeiam, articulam e ganham sentido no âmbito dos referenciais gerais desse homem.

É o que se pode perceber a partir do fragmento de sua carta, por exemplo, com relação aos hábitos alimentares. O fidalgo é

---

9   Contudo, vale notar que os ibéricos possuíam uma profunda experiência com grupos de culturas diversas e, por isso, "chegaram ao Novo Mundo munidos de expectativas e mecanismos para lidar com eles". LOCKHART, James e SCHWARTZ, Stuart B. *Idem,* p. 29.

10   *Idem, ibidem.*

11   *Idem, ibidem.*

12   HOLANDA, Sérgio Buarque de. *Raízes do Brasil.* São Paulo: Companhia das Letras, 1995.

categórico no que tange a uma das qualidades de seus homens: não são homens que se contentam em comer dos mantimentos da terra. Por mais residual que possa parecer em relação ao conjunto de tópicos abordados pela correspondência, essa temática, da maneira como foi redigida, incorpora o núcleo daquilo que supervaloriza seus homens em relação aos outros. Juntamente com o tema precedente, a promiscuidade, João de Mello Câmara argumenta ao rei que os homens que o acompanharão à América portuguesa, caso consiga uma concessão de terras na costa, não se misturam com índias, nem se alimentam de qualquer comida, pois estimam o serviço do rei. Enfim, seus homens são bons porque são fiéis ao rei e, por isso, exemplares portugueses. Em suma, o fidalgo sugere que a integridade é a principal qualidade de seu grupo. Retoma-se aqui o já mencionado etnocentrismo que permeia diferentes sociedades ao longo da História.

Com isso, é possível vislumbrar uma parte do importante papel que a alimentação desempenha no sistema de vida de uma sociedade, na constituição de seus valores, de suas práticas e, por que não, de sua história. Contudo, embora a alimentação ocupe, indiscutivelmente, uma posição estratégica na vida dos grupos sociais, a História ainda está longe de incorporá-la definitivamente como tema privilegiado para debater assuntos como organização social, civilização, bem como outras questões atualmente em discussão.

Talvez por sua própria presença lateral nas fontes, a alimentação tem sido tratada de modo suplementar pela historiografia.[13]

---

13 Sobre a presença do tema da alimentação nos domínios da História, ver MENESES, Ulpiano T. Bezerra de e CARNEIRO, Henrique. "A História da Alimentação: balizas historiográficas..." Ver também SANTOS, Carlos Roberto Antunes dos. "A alimentação e seu lugar na História: os tempos da memória gustativa". In: *História: Questões & Debates*. Dossiê: História da Alimentação. Curitiba: Editora UFPR, n° 42, 2005, p. 11-31.

Ainda que nos últimos anos tenha ganhado cada vez mais notoriedade entre a comunidade de historiadores no Brasil,[14] a própria formação e consolidação do tema da alimentação no âmbito da História é largamente tributária de disciplinas como a antropologia, a arqueologia, a sociologia e a geografia.[15]

A fala de Mello Câmara encontra-se, portanto, no limiar dessas diversas disciplinas. É possível situá-la em um ou outro campo de estudos, dependendo da problemática que se constrói. Entretanto, é sua densidade histórica que mais interessa aqui. Mas essa densidade histórica possui, por sua vez, múltiplas abordagens. A produção historiográfica dedicada à alimentação acompanha a pluralidade de problemas e abordagens que a História incorporou nos últimos anos. Aliás, a introdução desse tema como objeto no interior dos estudos históricos é um dos resultados desse movimento. Sua presença é proveniente das reformulações que a historiografia experimentou com a "nova história" – cuja matriz fora os *Annales*. A História da

---

14 Longe de um levantamento minucioso e exaustivo, é possível mencionar aqui, além dos dois textos apontados na nota anterior, outras publicações recentes dedicadas ao tema: CARNEIRO, Henrique. *Comida e sociedade: uma história da alimentação*. Rio de Janeiro: Campus, 2003; *Estudos Históricos: Alimentação*. Rio de Janeiro: Fundação Getulio Vargas, n° 33, 2004; MAGALHÃES, Sônia Maria de. *A mesa de Mariana: produção e consumo de alimentos em Minas Gerais (1750-1850)*. São Paulo: Annablume/Fapesp, 2004; *História: Questões & Debates*. Dossiê: História da Alimentação. Curitiba: Editora UFPR, n° 42, 2005 e OLIVEIRA, Flávia Arlanch Martins de. "Padrões alimentares em mudança: a cozinha italiana no interior paulista". In: *Revista Brasileira de História*. São Paulo: ANPUH, vol. 26, n° 51, jan./jun. 2006, p. 47-62. É importante assinalar, também, a produção historiográfica do grupo de pesquisa em História da Alimentação, vinculado aos cursos de graduação e de pós-graduação da UFPR, sob a coordenação de Carlos Roberto Antunes dos Santos.

15 MENESES, Ulpiano T. Bezerra de e CARNEIRO, Henrique. *Op. cit.*

Alimentação existe, portanto, a partir da abertura da disciplina às propostas de estudo orientadas pela noção de interdisciplinaridade. Por sua vez, a interdisciplinaridade constitui um terreno de exercício privilegiado para a articulação de diferentes chaves de leitura. Além disso, permite conciliar esse "exercício teórico" a questões que tradicionalmente constituem o escopo dos estudos históricos, tais como política e economia, ou a questões intrinsecamente interdisciplinares, tais como religião e cultura.[16]

Se, na correspondência de João de Mello Câmara a menção aos hábitos alimentares pode ser compreendida como uma chave de acesso ao seu universo de valores, é preciso mencionar que, longe de ser uma herança permanente, reproduzida ao longo das gerações, esse universo é uma construção histórica e se inscreve na dinâmica

---

16 Basta observar, por exemplo, alguns capítulos do importante livro dirigido por Jean-Louis Flandrin e Massimo Montanari (FLANDRIN, Jean-Louis e MONTANARI, Massimo. *História da alimentação*. Trad. de Luciano Vieira Machado e Guilherme J. F. Teixeira. São Paulo: Estação Liberdade, 1998), onde é possível encontrar estudos com os mais diversos enfoques, tais como o político, o econômico, o religioso e o cultural. Primeiramente, sob uma perspectiva política, pode-se mencionar o texto de Peter Garnsey "As razões da política: aprovisionamento alimentar e consenso político na Antiguidade", no qual o autor apresenta uma problemática relacionada à distribuição de alimentos no Império Romano e o papel desempenhado tanto pela iniciativa pública quanto pela iniciativa privada na distribuição dos gêneros. Sob um ângulo econômico, cito o texto de Alfio Cortonesi "Cultura de subsistência e mercado: a alimentação rural e urbana na baixa Idade Média", onde é apresentada a relação entre os alimentos consumidos pelas populações europeias na baixa Idade Média e a organização da produção desses alimentos. Em perspectiva religiosa, é notável o capítulo "As razões da Bíblia: regras alimentares hebraicas", no qual Jean Soler examina a base das interdições alimentares entre os hebreus presente no Pentateuco. Por fim, em "A alimentação dos outros", Oddone Longo oferece um enfoque cultural no qual a alimentação revela distinções entre os gregos e outros povos da Antiguidade.

O pão e o vinho da terra   35

das relações entre os diferentes grupos sociais. É exatamente nesse espaço, onde as relações entre grupos sociais se desenvolvem, que é possível notar alguns dos princípios que produzem suas diferenças ou semelhanças. E é nesse jogo de distinções e convergências que se circunscreve o espaço da cultura.

Diante disso, o que confere densidade histórica à fala de Mello Câmara é propriamente o fato de que ela se inclui no âmbito da cultura; uma vez que "a cultura [...] é uma produção histórica, isto é, uma construção que se inscreve na história e mais precisamente na história das relações dos grupos sociais entre si".[17]

Entretanto, à medida que a alimentação possui um viés cultural na fala do fidalgo, não é possível deixar de mencionar que há também outros vieses que a perpassam. À medida que ocupa uma posição estratégica no âmago das sociedades, é porque se encontra profundamente vinculada às mais diversas esferas de atividades humanas.[18] Historicamente, a comida cotidiana talvez tenha se constituído como um dos principais objetivos das sociedades. Com isso, a conexão entre os alimentos e o mundo natural era muito mais evidente nas sociedades pré-industriais. A produção de alimentos inseria-se no âmbito das tarefas domésticas, tal como já observou Leila Mezan Algranti, por exemplo, para o caso da América portuguesa; "é efetivamente no

---

17   CUCHE, Denys. *A noção de cultura nas ciências sociais*. Trad. Viviane Ribeiro. Bauru: Edusc, 2002, p. 143.

18   Diante da necessidade de se analisar a alimentação no âmbito dessas múltiplas esferas de atividades, que abrangem desde os processos de produção e consumo de alimentos, até as etapas intermediárias no âmbito das sociedades, que a noção de "sistemas alimentares" se impôs como paradigma. Para uma breve apresentação da noção de sistemas alimentares e sua utilização como ferramenta intelectual no âmbito dos estudos históricos é possível consultar OLIVEIRA, Silvana P. de e THÉBAUD-MONY, Annie. "Estudo do consumo alimentar: em busca de uma abordagem multidisciplinar"... p. 201-208.

domicílio que encontraremos os colonos interagindo com o meio natural, inovando nas formas de subsistência".[19]

Essa íntima relação entre a história das sociedades e a utilização do mundo natural compôs um significativo conhecimento botânico e zoológico que se traduziu em um repertório de gêneros passíveis de serem consumidos. Este processo, que constituiu o acervo de conhecimentos sobre o mundo natural, está intimamente atrelado a uma base biológica, que é a necessidade de superar a fome em seu aspecto mais "objetivo". Contudo, ainda que "objetivo" por um lado, é preciso notar que há também uma atuante dimensão socio-cultural imbricada a esse fenômeno.

Evidentemente, em seu aspecto mais "objetivo", a fome é sentida diante da carência dos alimentos de base.[20] Entretanto, ela não decorre unicamente de uma necessidade fisiológica e deve ser compreendida, também, no âmbito de relações contextuais. Há casos nos quais esse fenômeno se verifica em função do relacionamento

---

19 ALGRANTI, Leila Mezan. "Famílias e vida doméstica". In: SOUZA, Laura de Mello e (org.). *História da vida privada no Brasil: cotidiano e vida privada na América portuguesa*. São Paulo: Companhia das Letras, 1997, p. 88.

20 Segundo Renée Valeri, a "alimentação é um sistema estratificado, e a fome só é sentida como tal quando faltam os alimentos do estrato considerado fundamental. Em todas as sociedades a alimentação divide-se em três categorias fundamentais: a) os alimentos de base ou alimentos principais, quase sempre cereais ou feculentos; b) os alimentos de acompanhamento, cuja função é de variar e completar o alimento de base; c) os condimentos (sal, aromas e especiarias), que se juntam em pequenas quantidades à primeira e à segunda categoria, mas que não podem ser consumidos separadamente". (VALERI, Renée. "Fome". In: *Enciclopédia Einaudi*, vol. 16. Homo-Domesticação/Cultura material. Imprensa Nacional/Casa da Moeda, 1989, p. 173). Nesse sentido, ao passo que o trigo pode ser considerado um alimento de base no âmbito da Europa cristã, sua falta na América portuguesa colocou os colonizadores diante de uma situação de escassez e fome, mesmo diante de outras opções alimentares.

existente entre uma sociedade e determinados alimentos, cuja falta compromete certas expectativas de seus membros por estarem presos a tabus alimentares. Há outros casos em que é possível conceber a fome como valor positivo para determinadas categorias sociais – entre os ascetas em geral –, ou em determinados períodos – como a prática do jejum, comum em diferentes "religiões".

Ao passo que esse conhecimento do mundo natural possui íntima relação com a dimensão biológica e sociocultural das sociedades humanas, é notável, também, seu papel na base material dessas sociedades. Para Fernand Braudel, há duas revoluções técnicas que definiram o destino alimentar das sociedades humanas através da História. A primeira ocorreu ao fim da era Paleolítica com o aparecimento da caça organizada.[21] A segunda revolução, ocorrida por volta do "sétimo ou oitavo milênio antes da era cristã, é a da agricultura neolítica: o advento dos cereais cultivados".[22]

Em termos genéricos, esses eventos podem ser compreendidos como o início da produção sistemática de alimentos. Por sua vez, esse modo de produção estimulou a intervenção humana no desenvolvimento das espécies consumíveis, aprimorando-as de acordo com seus objetivos, quase sempre a busca por rendimentos crescentes.[23] Sem dúvidas, esta intensificação das formas de explorar

---

21 Por sua vez, Felipe Fernández-Armesto sugere que a "coleta, a caça e o pastoreio [...], foram, na verdade, técnicas complementares para obter comida que se desenvolveram simultaneamente" (FERNÁNDEZ-ARMESTO, Felipe. *Comida: uma história*. Trad. Vera Jocelyn. Rio de Janeiro: Record, 2004, p. 101).

22 BRAUDEL, Fernand. *Civilização material, economia e capitalismo, séculos XV-XVIII. As estruturas do cotidiano: o possível e o impossível*. Trad. Telma Costa. Lisboa: Teorema, p. 83.

23 Ver FERNÁNDEZ-ARMESTO, Felipe. *Op. cit.*

os alimentos estimulou sua abundância[24] e, paralelamente, o crescimento das populações.[25]

Entretanto, mesmo diante da importância desses aspectos econômicos, nutricionais e ecológicos, a dimensão sociocultural persiste. Ainda que, por um lado, a abundância de gêneros permita seu acúmulo e estimule as trocas, situando definitivamente as sociedades acima do limiar da fome, por outro, ela traz consigo os instrumentos para a diferenciação social.

24   A abundância deve ser compreendida fundamentalmente como uma maior disponibilidade de alimentos vegetais. Fernand Braudel afirma que, a partir do surgimento dos cereais cultivados, os "campos estendem-se em detrimento dos terrenos de caça e da pecuária intensiva. Passam os séculos, e eis os homens, cada vez mais numerosos, relegados para os alimentos vegetais, crus, cozidos, muitas vezes insípidos, sempre monótonos, sejam ou não fermentados: papas, sopas ou pão. A partir daí, passam a opor-se duas humanidades, ao longo da história: os raros comedores de carne, os inúmeros comedores de pão, de papas, de raízes, de tubérculos cozidos"(BRAUDEL, Fernand. *Op. cit.*, p. 83-84).

25   Sobre a relação entre a agricultura e o crescimento demográfico, cito Renée Valeri: "Se a adoção da agricultura pôde constituir uma solução para o aumento da população, a hipótese inversa é igualmente razoável: pode afirmar-se que foi a adoção da agricultura que estimulou o aumento de população e criou as premissas para que a fome se tornasse uma ameaça contínua. A agricultura alimenta uma população mais numerosa que a caça e a coleta ou a criação de gado, mas, na ausência de vastos mercados e transportes adequados, pode tornar-se muito mais vulnerável aos riscos eventuais. Quanto mais a agricultura se desenvolve e se intensifica, mais difícil é, em caso de necessidade, recorrer a outros recursos. A agricultura permite a formação de excedentes, mas também da renda fundiária, que se apropria deles e pode levar permanentemente à fome os camponeses, ou torná-los vulneráveis à mínima alteração do precário equilíbrio alimentar a que estão sujeitos" (VALERI, Renée. *Op. cit.*, p. 178).

Diante disso, é notável o evidente prestígio social que provém da ostentação pública de grandes quantidades de alimentos; no mundo clássico, por exemplo, os romanos eram regidos por leis – as leis suntuárias – que regulamentavam o luxo dos banquetes, destituindo os transgressores de seus poderes políticos e sociais.[26] Além disso, a posse de grandes quantidades de alimentos, bem como o controle de sua distribuição, é um instrumento fundamental para o poder político; nesse sentido, ainda que em termos mais macroscópicos, é possível citar o exemplo da centralização do comércio e do preço internacional dos cereais por Amsterdã no século XVII e seu papel como centro da economia mundo europeia.[27]

Já em uma sociedade em que predomina a escassez de alimentos, os indivíduos tendem a ser menos seletivos no que tange à alimentação, uma vez que a insegurança e a precariedade do abastecimento de gêneros os expõe à penúria constante. Diante do tema da fome e da miséria na sociedade europeia anterior à industrialização, Piero Camporesi menciona que:

> as fronteiras alimentares entre homens e animais esbatiam-se até desaparecer: o sorgo, por exemplo, [...] passava do porco para o homem e, se ele faltava, era o farelo que se tornava 'bebida para os homens', dissolvida em água quente, transformado

---

26 Ver DUPONT, Florence. "Gramática da alimentação e das refeições romanas". In: FLANDRIN, Jean-Louis e MONTANARI, Massimo. *Op. cit.*

27 Ver BRAUDEL, Fernand. *Civilização material, economia e capitalismo: séculos XV-XVIII.* O tempo do mundo. Trad. Telma Costa. São Paulo: Martins Fontes, 1996.

em beberragem para os homens-porcos reduzidos a chafurdar como animais.[28]

Entretanto, em um contexto marcado pela abundância os indivíduos passam a ser mais exigentes e, com isso, o sabor dos alimentos ganha importância. O gosto, tanto no âmbito da alimentação, quanto em outros domínios da cultura, implica uma necessária discriminação e, portanto, a possibilidade de descartar um ou outro gênero em função de um modelo daquilo que seja bom ou ruim.[29] Jean-Louis Flandrin estudou esse fenômeno ao analisar a sociabilidade à mesa na transição da Idade Média para a Época Moderna. Ele observou que a alimentação foi um tradicional demarcador social que incorporou novo referencial ao deslocar seu registro da quantidade para a qualidade entre os séculos XVII e XVIII. Desse modo, foram estabelecidos novos critérios de distinção social, fundamentados gradativamente no gosto.[30]

Diante de um fenômeno tão abrangente como o da alimentação, seu estudo implica uma necessária abertura interdisciplinar. Se, como observa Claude Fischler, "o homem biológico e o homem social, a fisiologia e o imaginário estão estreitamente, misteriosamente envolvidos no ato alimentar",[31] então a alimentação pode ser percebida

---

28 CAMPORESI, Piero. *O pão selvagem.* Trad. M. F. Gonçalves de Azevedo. Lisboa: Editorial Estampa, 1990, p. 37-38.

29 Ver MENNELL, Stephen. *All manners of food: eating and taste in England and France from the Middle Ages to the present.* Illinois: University of Illinois Press, 1996.

30 Ver FLANDRIN, Jean-Louis. "A distinção pelo gosto". In: CHARTIER, Roger. *História da vida privada, 3:* da Renascença ao Século das Luzes. Trad. Hildegard Feist. São Paulo: Companhia das Letras, 1991.

31 FISCHLER, Claude. *L'homnivore.* Paris: Odile Jacob, 1990. *Apud* OLIVEIRA, Silvana P. de e THÉBAUD-MONY, Annie. *Op. cit.,* p. 202.

O pão e o vinho da terra   41

como o ponto a partir do qual as sociedades humanas estruturam tanto sua vida prática, como suas representações.

No âmbito dos estudos históricos, as práticas cotidianas e as representações de mundo foram incorporadas mais notavelmente por pesquisas de enfoque cultural. Esse enfoque, claramente tributário da aproximação (ou reaproximação)[32] entre história e antropologia ao final de 1970, investiu em temas como a família, a infância, a sexualidade, a morte, a religiosidade, enfim, diversos temas que trouxeram consigo múltiplos problemas e abordagens.

Por sua vez, a História da Alimentação, em sua trajetória, dedicou-se a questões agrárias, bem como à fome e aos modelos de consumo. Todavia, enquanto os historiadores dedicavam-se a esses temas por meio da exploração de dados estatísticos de produção e consumo, as investigações de caráter etnológico e antropológico estudavam questões ligadas às preferências alimentares, à significação simbólica dos alimentos, às interdições dietéticas, bem como às religiosas. Com a reaproximação entre a história e os estudos de caráter etnológicos a sensibilidade alimentar em suas conexões com outras esferas da realidade teve seu espaço garantido também entre os historiadores.[33]

---

32 De acordo com Jacques Le Goff, a "historia e a etnologia só se separaram em meados do século XIX" e, após "um divórcio que durou mais de dois séculos, historiadores e etnólogos tendem agora a reaproximar-se. A nova história, depois de se ter feito sociológica, tende a tornar-se etnológica" In: LE GOFF Jacques. *O maravilhoso e o quotidiano no ocidente medieval*. Trad. José António Pinto Ribeiro. Lisboa: Edições 70, 1985, p. 185-188.

33 Um exemplo nesse sentido em NORTON, Marcy. "Tasting Empire: Chocolate and the European Internalization of Mesoamerican Aesthetics". In: *AHR* 111, nº 3 – jun. 2006, p. 660-691. Grosso modo, a autora aponta para as redes sociais constituídas no Império Espanhol colonial como vetor para a transmissão e reelaboração dos usos culturais do chocolate na Europa.

André Burguière sugere que o renascimento de uma história antropológica remete à tradição segundo a qual a explicação da identidade de uma determinada sociedade reside na recuperação da história de seus modos de vida. Essa preocupação remonta ao próprio "espírito histórico", com Heródoto, que explicou os conflitos entre gregos e bárbaros a partir da descrição detalhada dos costumes destes. Com isso, Burguière concebe a antropologia histórica como "uma história dos hábitos: hábitos físicos, gestuais, alimentares, afetivos, hábitos mentais".[34] Assim, situa a História da Alimentação no campo da antropologia histórica.

Entretanto, Burguière não estabelece um domínio próprio para a antropologia histórica e a define, sobretudo, como um procedimento dedicado a perceber a ressonância social, no âmbito das práticas coletivas, que uma determinada evolução histórica engendra. Uma vez que os ritos da vida cotidiana comportam um sistema de representação de mundo, é possível perceber a correlação existente entre as práticas de vida e suas concepções de mundo (presentes, por exemplo, no direito, na religião, na política etc.). Portanto, a análise dos sistemas de representação permite o acesso a diferentes níveis de expressão de uma época e, mais que isso, possibilita detectar a lenta mutação das categorias que efetivamente influem na dinâmica da História em sua longa duração.[35]

_____

34 BURGUIÈRE, André. "A antropologia histórica". In: LE GOFF, Jacques, *et alii* (org.). *A história nova*. Trad. Eduardo Brandão. São Paulo: Martins Fontes, 1988, p. 133.

35 *Idem. Op. cit.* E quais seriam, entretanto, essas categorias mencionadas por André Burguière? Uma vez que em sua concepção o livro *Vida Material e capitalismo* (Paris: A. Colin, 1967) de Fernand Braudel é um trabalho de antropologia histórica, creio serem estas categorias inerentes à própria definição de cultura material segundo Braudel; "Por vida material eu compreendo [...] cinco setores bastante próximos: alimentação; habitação e vestuário; padrões de vida; técnicas; dados biológicos. Para mim, a vida material cuida das coisas

Com isso, no âmbito desse procedimento de pesquisa, os hábitos alimentares constituem um dos fios da imensa rede de significados que permeia o sistema de representações de mundo das sociedades. Talvez nesse sentido seja possível sugerir que as preferências alimentares são, simultaneamente, um dos mais importantes suportes das identidades culturais, bem como um dos instrumentos mais notáveis para a segregação social.

Entretanto, para se pensar uma História da Alimentação, é insuficiente atestar que os hábitos alimentares sejam um instrumento objetivador de determinada identidade cultural. Uma vez que a alimentação se inscreve no espaço da cultura, é necessário privilegiar seu aspecto diacrônico, pois, se pensada como vínculo fundamental objetivo, herdado como traço particularizador imutável de um grupo, esvazia-se sua densidade histórica.

Ainda que a alimentação possa ser compreendida como um suporte para identidades culturais, vale lembrar que estas identidades devem ser entendidas, aqui, como resultantes de processos históricos de relações sociais. É fundamentalmente na dinâmica dos contextos sociais que se determina a posição dos diferentes agentes no âmbito dessas relações. Desse modo, é o contexto social e histórico que orienta as representações e as escolhas dos sujeitos,[36] uma vez que produz valores e crenças que compõem um repertório cultural,

do corpo" [...] "A história da vida material é, portanto, uma infra-história, que opera sob o signo de uma imperfeita tomada de consciência, é uma infra-infraestrutura, se nos fosse permitido utilizar tal denominação" (BRAUDEL, Fernand. "Vie matérielle et comportements biologiques". In: *Annales E.S.C.,* vol. 16, nº 3, 1961, p. 547 e 548).

36 Evidentemente não se pretende negar aqui a possibilidade de atuação por meio de apropriações ou inovações de caráter individual. Contudo é preciso recolocar a questão das relações entre o indivíduo e o grupo em função da necessidade de equalizar as possibilidades de atuação da iniciativa pessoal dentro de quadros mais gerais, cujos imperativos estão articulados a necessidades sociais.

cujo efeito mais concreto é o de estabelecer os limites dentro dos quais operam esses sujeitos.[37]

Com efeito, mesmo se considerada como um constructo elaborado a partir de relações que necessariamente contrapõem grupos sociais em contato, a cultura efetivamente produz consequências reais para as sociedades. Dentro dessa perspectiva, para se compreender a história da dinâmica cultural dessas sociedades, é importante não se limitar a inventariar seus traços culturais distintivos, mas procurar localizar em um dado contexto histórico quais desses traços foram utilizados para construir, afirmar e manter as distinções culturais.[38] Com isso, a cultura pode ser compreendida como um sistema de valores por meio do qual os instrumentos utilizados para objetivar as diferenças evidenciam um modo de avaliação.

Ora, João de Mello Câmara também vivenciou um contexto social e histórico. Por isso, dispunha de um sistema de valores e os utilizou para objetivar e avaliar diferenças culturais. No excerto de sua carta destinada a Dom João III, Mello Câmara foi eloquente naquilo que distinguia os homens que o acompanhariam – e, portanto, naquilo que caracterizava a si mesmo – a uma eventual jornada à Terra de Santa Cruz, dos demais que lá se encontravam: eles não comeriam *dos mantimentos da terra*. Diante disso, seria o caso de se perguntar, primeiramente, quais eram esses mantimentos e, em seguida, recuperar o problema das relações culturais.

Os gêneros nativos

Evidentemente, a recuperação dos modos de vida americanos tal como se encontravam no período pré-colombiano é uma tarefa

---

37 Para uma apresentação mais detalhada da noção de identidade cultural em perspectiva relacional, ver CUCHE, Denys. *Op. cit.,* p. 181 e seguintes.

38 *Idem, ibidem.*

que extrapola os propósitos desse estudo. Entretanto, para se compreender o problema apontado por Mello Câmara em relação aos mantimentos da terra, é necessário procurar saber, ao menos dentro de alguns limites, quais seriam esses mantimentos à época dos contatos entre os povos ibéricos e os nativos americanos.

No decorrer de sua história, os povos nativos da América do Sul domesticaram mais de 50 gêneros comestíveis. Entre os mais importantes, é possível mencionar a batata, cultivada principalmente na região dos Andes; a batata doce; o milho, originário do México, mas presente também na região sul da América; por fim, a mandioca. Esta, por sua característica adaptabilidade a solos pouco férteis, bem como sua resistência a insetos, veio a ser um tubérculo muito apreciado pelas populações semissedentárias que habitavam a costa leste do continente sul-americano.[39]

As primeiras informações a respeito dos mantimentos consumidos pelas sociedades que habitavam a costa atlântica da América do Sul acompanham os relatos a respeito das terras registradas na pena de Pero Vaz de Caminha. Ao comentar as notícias dadas por Afonso Ribeiro e mais dois degredados da armada de Pedro Álvares Cabral que estiveram entre os índios, o escrivão revela o que se viu:

> Diziam (os degredados) que em cada casa se acolhiam 30 ou 40 pessoas, e que assim os acharam; e que lhes davam de comer daquela vianda que eles

---

39   Para uma breve história dos alimentos no continente americano, ver GADE, Daniel W. "South America". In: KIPLE, Kenneth F. e ORNELAS, Kriemhild Coneè. *The Cambridge world history of food*. Cambridge: Cambridge University Press, 2000.

tinham, a saber, muito inhame e outras sementes que há na terra, que eles comem.[40]

A "Relação do Piloto Anônimo",[41] escrita também à mesma época da "Carta" de Caminha, reitera ser inhame o que se comia na terra recém-descoberta. Mais tarde, em sua *História das Índias*,[42] Bartolomeu de Las Casas também sublinharia que era inhame – além de batatas e frutas – o que os índios davam aos portugueses aportados à costa atlântica sul-americana, tripulantes da nau de Pedro Álvares Cabral.

Entretanto, para Luis da Camara Cascudo, notável estudioso do tema da alimentação, o que houve à época do descobrimento não passa de uma confusão no momento de classificar o tubérculo visto pelos degredados, registrado pelos cronistas e, depois, pelo historiador dominicano. Para o folclorista, o "'inhame' visto por Pero Vaz de Caminha e pelo Piloto Anônimo era, indiscutivelmente, a raiz de mandioca".[43]

A afirmação de Camara Cascudo ecoa a informação dada pelo padre Manuel da Nóbrega, no século XVI, sobre as terras do Brasil. Todavia, as informações do jesuíta são acrescidas ainda de outros componentes do cardápio dos povos americanos:

---

40 CAMINHA, Pero Vaz de. "Carta de Pero Vaz de Caminha" (1500). In: *Brasil 1500: quarenta documentos*. Janaína Amado e Luiz Carlos Figueiredo. Brasília/São Paulo: Editora UnB/Imprensa Oficial do Estado de São Paulo, 2001, p. 102 e 103.

41 ANÔNIMO. "Relação do Português Anônimo (1500)". In: *Brasil 1500...*, p. 131-141.

42 LAS CASAS, Bartolomeu de. "História das Índias (1561)". In: *Brasil 1500...*, p. 433-442.

43 CASCUDO, Luís da Camara. *História da alimentação no Brasil*. Belo Horizonte/São Paulo: Itatiaia/Edusp, 1983, p. 93.

O pão e o vinho da terra 47

O mantimento comum da terra é uma raíz de pau a que chamam mandioca, da qual fazem uma farinha de que comemos todos. E dá também milho, o qual, misturado com a farinha, fazem um pão que substitui o de trigo. Há muito pescado, e também muito marisco, de que se mantêm os da terra, e muita caça dos matos, e gansos que os índios criam.[44]

A mandioca é, de fato, procedente das Américas. As possíveis áreas de origem dessa planta são a América Central, a região amazônica e o nordeste brasileiro, onde teria surgido a cerca de 3.000 a.C. Os mais antigos registros dessa raiz remontam aos primeiros contatos dos europeus com o continente, na Mesoamérica. Em 1494, ao descrever as primeiras viagens de Colombo, Pedro Mártir De Anghiera comenta sobre algumas raízes venenosas utilizadas para a preparação de pães.[45] De qualquer modo, sua presença é bastante considerável em quase todo o continente americano. O jesuíta José de Acosta dedica um capítulo do livro IV de sua *Historia natural y moral de las Indias* às *yucas y cazabi*, onde comenta:

> Em alguns lugares das Índias usam um gênero de pão a que chamam cazabi, feito a partir de certa raíz chamada mandioca. A mandioca é uma raíz grande

---

44 NÓBREGA, Manuel da. "Informação das Terras do Brasil do P. Manuel da Nóbrega [aos padres e irmãos de Coimbra]. [Baía, agosto de 1549]". In: *Cartas dos primeiros jesuítas do Brasil*. Tomo 1. Serafim Leite (org.). São Paulo: Comissão do IV centenário da cidade de São Paulo, 1954, p. 148.

45 Ver KARASCH, Mary. "Manioc" In: KIPLE, Kenneth F. and ORNELAS, Kriemhild Coneè. *Op. cit.* Vale observar que durante todo o século XVI as descrições do tubérculo são associadas sistematicamente ao perigo de sua utilização indevida.

e grossa, a que cortam em partes pequenas e ralam, e como em uma prensa, a expremem; e o que permanece é fino como um bolo, grande e largo como um escudo [...] É uma coisa maravilhosa que o sumo espremido daquela raiz de que se faz o cazabi é um veneno mortal e, se ingerido, mata, enquanto a substância que permanece é um pão saudável, tal como está dito.[46]

Na América portuguesa, a mandioca também foi descrita fartamente por inúmeros cronistas. Hans Staden mencionou sua utilização e o modo pelo qual se fazia o plantio dessa raiz entre os tupinambás.[47] Para Pero de Magalhães de Gândavo, a mandioca era o mantimento por excelência da terra e, além de oferecer uma descrição das técnicas de preparo para extrair seu veneno, relatou também a existência de uma outra casta, denominada aipim, cujo sumo "não é peçonhento, como o que sai da outra, nem faz mal ainda que se beba".[48]

Gabriel Soares de Sousa sugeria que o tubérculo era o principal e o mais substancioso mantimento da terra, do qual anotou a existência de várias castas: manipocamirim, manaibuçu, taiaçu, manaiburu, manaitinga e parati.[49] Entretanto, o cronista não deixou

---

46 ACOSTA, José de. *Historia natural y moral de las Indias...*, p. 270.

47 STADEN, Hans. *Hans Staden: primeiros registros escritos e ilustrados sobre o Brasil e seus habitantes.* São Paulo: Terceiro Nome, 1999. Sobretudo o capítulo intitulado "O que os selvagens comem como pão e como plantam e preparam as raízes de mandioca".

48 GÂNDAVO, Pero de Magalhães. *A primeira história do Brasil: história da província Santa Cruz a que vulgarmente chamamos Brasil.* Rio de Janeiro: Zahar, 2004.

49 SOUSA, Gabriel Soares de. *Tratado descritivo do Brasil em 1587.* São Paulo: Companhia Editora Nacional, 1987, p. 173.

O pão e o vinho da terra   49

de sublinhar o perigo que há em seu consumo ao comentar que, embora o gado e outros animais, domésticos ou não, possam engordar com a raiz comendo-as cruas, "se as comem os índios, ainda que sejam assadas, morrem disso por serem muito peçonhentas".[50] Não obstante, mencionou também o aipim, espécie não venenosa. Além disso, procurou matizar o perigo das outras ao anotar que "de uma mesma coisa saia peçonha e contrapeçonha, como da mandioca, cuja água é cruelíssima peçonha, e a mesma raiz seca é contrapeçonha, a qual se chama carimã".[51] Por sua vez, Fernão Cardim também observou o consumo ordinário do tubérculo e comentou sua eficiência "contra a peçonha, principalmente de cobras".[52]

Se, por um lado, no decorrer do século XVI, inúmeros observadores descreveram a mandioca como substancioso mantimento, a bebida que dela se fazia não lhes passou despercebida, tal como atesta o calvinista Jean de Léry; "as raízes de aipim e mandioca, que servem de principal alimento aos selvagens, são também utilizadas no preparo de sua bebida usual".[53] Hans Staden também notou que os nativos da América "preparam uma bebida de raízes que chamam de cauim".[54]

Ao passo que a presença da mandioca foi assunto de relevo na pena dos cronistas do século XVI, ela não é o único gênero referido. O próprio Manuel da Nóbrega, em sua já mencionada carta de 1549, conta que, nas terras brasileiras, além da mandioca, "dá

---

50   SOUSA, Gabriel Soares de. *Op. cit.,* p. 174.

51   *Idem*, p. 177.

52   CARDIM, Fernão. *Tratados da terra e gente do Brasil.* Belo Horizonte/São Paulo/Itatiaia: Edusp, 1980, p. 41.

53   LÉRY, Jean de. *Viagem à terra do Brasil.* Belo Horizonte/São Paulo/Itatiaia: Edusp, 1980, p. 129.

54   STADEN, Hans. *Op. cit.,* p. 68.

também milho".[55] Diante disso, é certo que este cereal figurou igualmente entre os mantimentos consumidos pelas sociedades nativas da América.

Proveniente da Mesoamérica, onde surgiu por volta de 7.000 ou 10.000 anos atrás, o milho foi encontrado por todo o continente americano, onde era conhecido por muitos dos povos que habitavam a região.[56] José de Acosta assim se referiu ao cereal:

> O pão dos índios é o milho; comem-no ordinariamente cozido assim, em grão e quente, a que chamam mote; como comem os chineses e japoneses o arroz, também cozido em água quente. Algumas vezes comem-no tostado, tem milho redondo e grosso, como o dos Lucanas, a que comem os espanhóis por guloseima tostado, e tem sabor melhor que grão-de-bico tostado. Outro modo de comê-lo com maior regalo é molhando o milho e fazendo massa de sua farinha, e dela, umas tortas pequenas que são colocadas no fogo, e quando quentes são colocadas na mesa para serem comidas; em algumas partes as chamam de arepas.[57]

O franciscano Bernardino de Sahagún também relatou a presença do milho na América a partir de algumas "superstições" locais:

> Diziam os supersticiosos antigos e alguns ainda agora o usam, que o milho antes de colocá-lo na panela para cozinhar, assopram sobre ele como lhe dando

---

55   NÓBREGA, Manuel da. "Informação das Terras do Brasil ...". In: *op. cit.,* p. 148.

56   Para uma breve história dos alimentos no continente americano, ver GADE, Daniel W. *Op. cit.*

57   _____, José de. *Op. cit.,* p. 266.

O pão e o vinho da terra 51

ânimo para que não tema o cozimento [...] Também diziam que, quando se derramava algum milho pelo chão, quem vísse deveria recolhê-lo, e quem não recolhesse ofendia o milho, e o milho se queixava dele diante de deus dizendo: "senhor, castigue a este que me viu no chão e não me recolheu, dê-lhe fome para que não me menospreze".[58]

A respeito de sua presença na América portuguesa, Gaspar Correia sugere que em 1500 o "mantimento da terra era milho"[59] e, poucos anos depois, Damião de Góis escreveria que os degredados da armada de Cabral que estiveram entre os nativos "tornaram logo à frota, em companhia de outros, carregados de milho, farinha, favas e outros legumes, e frutas da terra".[60] No entanto, para Camara Cascudo o milho não teve, "no Brasil, o domínio da orla do Pacífico, América Central e do Norte onde era soberano absoluto, mas pertencia à classe dos familiares que não atingem o posto da indispensabilidade".[61]

Com efeito, ainda que para Luis da Camara Cascudo o milho não tenha sido consumido como alimento de base pelas sociedades nativas semissedentárias que habitavam a costa atlântica da América do Sul, sua utilização não deixou de ser assinalada em algumas das

---

58 SAHAGÚN, Bernardino de. *Historia general de las cosas de Nueva España*. México: Porrúa, 1989, p. 280. Ainda sobre a presença do milho nas cosmogonias de alguns povos pré-colombianos, vale mencionar o belíssimo livro de Enrique Florescano, *Memoria mexicana*. México: Fundo de Cultura Económica, 2002.

59 CORREIA, Gaspar. "Lendas da Índia (1561)". In: *Brasil 1500...*, p. 455.

60 GÓIS, Damião de. "Crônica do felicíssimo rei D. Manuel (1566)". In: *Brasil 1500...*, p. 471. Vale notar que nem Gaspar Correia, nem Damião de Góis estiveram na América.

61 CASCUDO, Luís da Camara. *Op. cit.*, p. 121.

cartas e das crônicas escritas à época. Em carta de 1554, o irmão José de Anchieta revela o emprego do milho como bebida:

> A parte principal da alimentação consiste portanto em legumes, como favas, abóboras e outros que se podem colher da terra, folhas de mostarda e outras ervas cozidas; em vez de vinho bebemos água cozida com milho, ao qual se mistura mel se o há.[62]

Em sua descrição do gentio americano, Damião de Góis também mencionou a utilização do milho na preparação de certo vinho, "que é como cerveja ou cidra, de que bebem e se embebedam amiúde".[63] Todavia, em seu *Tratado*, Soares de Sousa é o que melhor descreveu o cereal; "dá-se outro mantimento em todo o Brasil, natural da mesma terra, a que os índios chamam ubatim, que é o milho de Guiné, que em Portugal chamam zaburro".[64] Este milho, diz o tratadista, "come o gentio assado por fruto, e fazem seus vinhos com ele cozido, com o qual se embebedam, e os portugueses que comunicam com o gentio, e os mestiços não se desprezam dele, e

---

62 ANCHIETA, José de. "Carta do Ir. José de Anchieta ao P. Inácio de Loyola, Roma. São Paulo de Piratininga [1 de setembro de] 1554". In: *Cartas dos primeiros jesuítas do Brasil*. Tomo 2. LEITE, Serafim (org.). São Paulo: Comissão do IV centenário da cidade de São Paulo, 1954, p. 112.

63 GÓIS, Damião de. "Crônica do felicíssimo...". In: *op. cit.*, p. 477.

64 SOUSA, Gabriel Soares de. *Op. cit.*, p. 182. O autor menciona ainda uma segunda casta de milho, "que sempre é mole, do qual fazem sempre os portugueses muito bom pão e bolos com ovos e açúcar. O mesmo milho quebrado e pisado no pilão é bom para se cozer com caldo de carne, ou pescado, e de galinha, o qual é mais saboroso que o arroz, e de uma casta e outra se curam ao fumo, onde se conserva para não se danar; e dura de um ano para outro" (*idem, ibidem*).

O pão e o vinho da terra   53

bebem-no mui valentemente".[65] Nota também a utilização medicinal do cereal por parte dos nativos, visto que costumam "dar suadouros com este milho cozido aos doentes de boubas",[66] o que lhe pareceu um mistério, uma vez que "este milho por natureza é frio".[67] Dentre os mais importantes gêneros nativos da América do Sul mencionados por Daniel W. Gade,[68] não somente a mandioca e o milho foram registrados pelos estrangeiros que circularam pela Terra de Santa Cruz, mas também a batata. O padre jesuíta Fernão Cardim, hospedado em uma aldeia no interior de Pernambuco, revela o cardápio que lhe foi oferecido para a ceia; "peixinhos de moquém assados, batatas, cará, mangará e outras frutas da terra".[69] Ainda a respeito das batatas, é o autor do *Tratado descritivo do Brasil* quem assinala a existência de vários tipos, cores e sabores:

> Há umas batatas grandes e brancas e compridas como as das Ilhas; há outras pequenas e redondas como túberas da terra, e mui saborosas; há outras batatas que são roxas ao longo da casca e brancas por dentro; há outras que são todas encarnadas e mui gostosas; há outras que são de cor azul anilada muito fina, as quais tingem as mãos; há outras verdoengas muito doces e saborosas; e há outra casta, de cor

---

65   *Idem, ibidem.* Por sua vez, Jean de Léry denomina o milho como avatí e chama seu vinho de cauim, tal como o vinho feito da raiz de mandioca (Ver LÉRY, Jean de. *Op. cit.,* p. 130).

66   SOUSA, Gabriel Soares de. *Op. cit.,* p. 182.

67   *Idem, ibidem.*

68   GADE, Daniel W. "South America". In: KIPLE, Kenneth F. and ORNELAS, Kriemhild Coneè. *Op. cit.*

69   CARDIM, Fernão. *Op. cit.,* p. 163.

almecegada, mui saborosas; e outras todas amarelas, de cor muito tostada.[70]

Para Gabriel Soares, estas batatas pertencem a um gênero de alimentos: os mantimentos de raízes que se criam debaixo da terra. Além das batatas, o tratadista inclui entre essa modalidade de gênero o cará, o mangará – ambos também citados por Cardim – e a taiá.[71]

Diante disso, nota-se que a presença da mandioca, do milho e da batata no continente americano foi amplamente registrada pelos cronistas no decorrer do século XVI. Na pena desses observadores, as sociedades nativas da costa leste da América do Sul se utilizavam principalmente da mandioca. O tubérculo seria, muito provavelmente, seu alimento de base. Contudo, inúmeros outros gêneros são mencionados desde as primeiras descrições das terras americanas e de seus habitantes.

Ao percorrer a Terra de Vera Cruz, onde desembarcou, o escrivão Pero Vaz de Caminha não deixou de notar a presença de palmas ao longo das ribeiras "em que há mui bons palmitos".[72] Em uma leitura *ipsis literis* da *Carta de Caminha*, Camara Cascudo rejeitou a ideia de que os portugueses que o acompanhavam, bem como o escrivão, tenham realmente comido o gomo da palmeira – ou seja, o palmito. A partir do cruzamento de outras fontes etnográficas com registros orais, o autor concluiu que os "portugueses em Porto Seguro, na relação de Pero Vaz de Caminha, colheram das palmeiras alinhadas a caram da praya, cocos, folhas tenras, gomo folhear, brotos. Palmitos strictu sensu, é que não".[73] Contudo, ao tratar

---

70   SOUSA, Gabriel Soares de. *Op. cit.*, p. 180. Hans Staden menciona uma espécie da batata-doce chamada *jetica* (STADEN, Hans. *Op. cit.*, p. 114).

71   *Idem, ibidem.*

72   CAMINHA, Pero Vaz de. "Carta ...". In: *op. cit.*, p. 97.

73   CASCUDO, Luís da Camara. *Op. cit.*, p. 94. Grifos do próprio autor.

dos frutos da terra, Gabriel Soares de Sousa mencionou algumas espécies de palmeiras que possuíam tanto o fruto, quanto o miolo comestível. São elas as pindobas, o anajá-mirim, a japeraçaba, o pati, o buri, os piçandós, o urucuri e a patioba.[74]

Transcorridos mais de oitenta anos desde o reconhecimento das terras feito por Caminha e seus companheiros, o padre Fernão Cardim, da Companhia de Jesus, também percorreu as terras do Brasil e registrou muito a respeito dos usos e costumes das populações locais. O religioso notou que os autóctones americanos não observavam as interdições alimentares cristãs, uma vez que não era costume entre eles reservar dias específicos para o consumo de carne ou de peixe. Além disso, assinalou que o repertório alimentar dos nativos era composto por todo gênero de carnes de caça, incluindo certos animais *immundos*, como cobras, sapos e ratos. Ao que se somavam gêneros diversos, tais como frutas, legumes e outros mantimentos que davam na terra, sem necessidade de cultivá-la.[75]

A respeito desse repertório alimentar descrito por Cardim, principalmente no que se refere às frutas, muito se comentou em cartas e crônicas escritas no decorrer do século XVI; "nenhuns frutos são

---

74 SOUSA, Gabriel Soares de. *Op. cit.*, p. 197-199. Com relação a essas palmeiras, Gabriel Soares menciona o consumo de seu palmito como mantimento entre os nativos especificamente em dois casos: primeiramente a "Japeraçaba [...] dão também um palmito [...] que também serve de mantimento ao gentio" (*idem*, p. 198) e depois a "Ururucuri [...] Esta palmeira tem o tronco fofo, cheio de um miolo alvo e solto como o cuscuz, e mole; e quem anda pelo sertão tira esse miolo e coze-o em um alguidar ou tacho [...] onde se lhe tira a umidade, e é mantimento muito sadio, substancial e proveitoso aos que andam pelo sertão" (*ibidem*, p. 198 e 199).

75 CARDIM, Fernão. *Op. cit.* Ver "Do mundo que têm do seu commer e beber", p. 89.

semelhantes aos nossos"[76] dizia Américo Vespúcio em 1503, após sua expedição às terras americanas de D. Manuel I. Constatação que continuaria a ser repetida meio século depois pelo padre Luís da Grã; "as frutas da terra são muito diferentes e muito estranhas".[77] Diante de uma natureza desconhecida, a diferença era marcante e digna de nota. Por isso, abundam descrições dessas frutas, sendo que algumas delas com maior ênfase. É o caso do caju, por exemplo, que Pero de Magalhães de Gândavo,[78] Jean de Léry,[79] Fernão Cardim[80] e Gabriel Soares de Sousa[81] caracterizaram com detalhes.

---

76 VESPÚCIO, Américo. "Mundus Novus, de Américo Vespúcio (1503)". In: *Brasil 1500...*, p. 318.

77 GRÃ, Luís da. "Carta do P. Luís da Grã ao P. Inácio de Loyola, Roma. Baía 27 de dezembro de 1554". In: *Cartas dos primeiros jesuítas do Brasil.* Tomo 2. LEITE, Serafim (org.). São Paulo: Comissão do IV centenário da cidade de São Paulo, 1954, p. 131.

78 "Há outra fruta [...] da feição de peros repinaldos [...] essa fruta chamam caju; tem muito sumo, e come-se pela calma para refrescar, [...] Na ponta [...] se cria [...] uma castanha [...] o miolo assado é de sua natureza muito quente, e mais gostoso que amêndoas" (GÂNDAVO, Pero de Magalhães. *Op. cit.,* p. 82, 83).

79 "Existe também no país uma árvore tão alta como a sorveira da Europa; dá um fruto chamado acaiú que tem a forma e o tamanho de um ovo de galinha [...] a fruta se torna mais amarela do que o marmelo e não só tem bom gosto mas ainda dá um caldo acidulado agradável ao paladar. No calor esse refresco é excelente" (LÉRY, Jean de. *Op. cit.,* p. 173).

80 Acajú – [...] da castanha nasce hum pomo do tamanho de hum repinaldo, ou maçã camoeza; he fructa muito formosa [...] são bons para a calma, refrescão muito [...] A castanha he tão boa, e melhor que as de Portugal; comem-se assadas" (CARDIM, Fernão. *Op. cit.,* p. 35).

81 "Das árvores de fruto naturais da Bahia [...] demos [...] capítulo por si aos cajueiros, pois é uma árvore de muita estima, e há tantos ao longo do mar e na vista dele. Estas árvores são como figueiras grandes [...] A natureza destes cajus é fria [...] No olho deste pomo tão formoso cria a natureza outra fruta,

O pão e o vinho da terra   57

Outra fruta que também encantou alguns dos cronistas que circularam pela Província de Santa Cruz foi o ananás. Para Gândavo, "são tão saborosos que, a juízo de todos, não há fruta neste reino que no gosto lhes faça vantagem, e os têm em maior estima que qualquer outro pomo que haja na terra".[82] Léry considerou o ananá como "o fruto mais saboroso da América",[83] enquanto Cardim fez alusão ao *nana* como uma erva muito "cheirosa, gostosa, e huma das boas do mundo, muito cheia de sumo e gostoso".[84] Por sua vez, Gabriel Soares dedicou todo um capítulo de seu *Tratado* para o relato dessa fruta. Argumentou que a necessidade de descrevê-la sozinha advém da inexistência de outra que se equipare ao ananás em seus merecimentos.[85]

Frutas como o caju e o ananás ganharam maior notoriedade na pena dos escritores adventícios. Contudo, há outras que também foram alvo de curiosidade em suas descrições. O *Tratado* de Gabriel Soares de Sousa é, sem dúvida, o registro mais abrangente sobre a flora, a fauna e os habitantes das imediações da costa atlântica da América do Sul. Por isso, levou a cabo a tarefa de descrever as inúmeras espécies de frutos[86] com que travou contato investido de rara

---

parda, que chamamos castanha [...] Há outra casta desta fruta, que os índios chamam cajuí" (SOUSA, Gabriel Soares de. *Op. cit.,* p. 186-188).

82 GÂNDAVO, Pero de Magalhães. *Op. cit.,* p. 82.

83 LÉRY, Jean de. *Op. cit.,* p. 178.

84 CARDIM, Fernão. *Op. cit.,* p. 41.

85 SOUSA, Gabriel Soares de. *Op. cit.,* p. 200-202.

86 Além do caju e do ananás, Gabriel Soares dedica um capítulo também ao "fruto que se chama mamões e jaracatiás"; no capitulo dedicado às "árvores de fruto que se dão na Bahia", menciona as mangabas, o ingá, o cajá, o bacuripari e o piqui; dedica um capítulo ao umbu. O capítulo dedicado às "árvores de fruto afastadas do mar" é o mais longo. Nele o autor menciona diversos frutos comestíveis; a sapucaia, o pequiá, o macugê, o guti, a ubucaba,

minúcia,[87] principalmente quando comparado a seus contemporâneos dedicados à mesma tarefa.[88]

Assim, talvez sejam essas frutas, tão bem descritas por Gabriel Soares, que o padre Fernão Cardim registrou sob a designação genérica de *fructas* ao compor de modo sucinto o repertório alimentar dos nativos americanos.[89] Todavia, o religioso menciona que esse cardápio é composto, também, por "muitos outros legumes",[90] dos quais, outra vez, é o *Tratado* descritivo que traz as notícias mais satisfatórias. "Pois que até aqui tratamos dos mantimentos naturais da terra", afirma o tratadista, "é bem que digamos dos legumes".[91] Se, com isso, Gabriel Soares revela um critério taxonômico onde mantimen-

o mondururu, a comichã, a mandiba, o cambuí, a curuanha, o araçá, o araticu, o pino, o abajeru, o amaitim, o apé, o murici, a cupiúba, a maçarandiba, o mucurie e o cambucá. Por fim, escreve sobre as "ervas que dão fruto na Bahia", onde inclui o maracujá, o canapu, o mudurucu, a marujaíba, o carauatá e o nhambi. A banana também aparece como fruta nativa. (SOUSA, Gabriel Soares de. *Op. cit.*, p. 189-200). Dentre os outros cronistas, Fernão Cardim anota o ombu, o araçá, o araticu, o maracujá, o paqueá e acrescenta a jaboticaba (CARDIM, Fernão. *Op. cit.*). Por sua vez, Gândavo menciona a sapucaia (GÂNDAVO, Pero de Magalhães. *Op. cit.*).

87 Gabriel Soares procura descrever a forma, a textura, o cheiro, o sabor (recorrendo sempre a analogias com frutas que lhes são conhecidas), bem como suas utilizações, tanto no âmbito da culinária, quanto as aplicações medicinais. A respeito da utilização iátrica dos alimentos, vale notar que ao início da Época Moderna havia um vínculo entre a alimentação e as práticas medicinais, herança do sistema dietético medieval apoiado nas teorias do médico grego Hipócrates.

88 Excluindo-se, evidentemente, alguns cronistas da América espanhola que possuem obras incomparavelmente mais detalhadas.

89 Ver CARDIM, Fernão. *Op. cit.* "Do mundo...", p. 89.

90 *Idem, ibidem.*

91 SOUSA, Gabriel Soares de. *Op. cit.*, p. 183.

tos e legumes não compartilham a mesma situação, também inicia a apresentação de um importante domínio de gêneros alimentares composto por favas de várias espécies, diversos tipos de feijões e jerimuns. Ao que se poderia acrescentar também os amendoins, muito embora o autor os tenha descrito no capítulo subsequente.[92] Uma outra categoria de alimentos que Fernão Cardim menciona de modo genérico é a carne de caça. Sobre esse assunto, o irmão José de Anchieta foi mais expressivo em sua breve menção dos alimentos disponíveis na América; "parte do mantimento fornecem-na carnes do mato, como são macacos, gamos, certos animais semelhantes a lagartos, pardais, e outros animais selvagem, e ainda peixes de rio, mas estas coisas raras vezes".[93] Para Damião de Góis, os nativos americanos "mantêm-se de caça, principalmente de papagaios e bugios – que há muitos na terra –, e outras muitas aves e alimárias. Comem, também, lagartos, cobras, ratos e outros bichos peçonhentos".[94] Além disso, o erudito historiador prossegue com uma breve descrição dos métodos de pescaria utilizados pelos nativos.

Ora, o cultivo da mandioca e outros mantimentos, associado à coleta de frutos silvestres, compunha um regime alimentar integrado à atividade de caça e pesca. Diante disso, vale notar que alguns estudiosos sugerem que a produção de gêneros, conjugada à caça e à coleta, oferece um regime alimentar mais variado e regular quando destinado a grupos de pequena concentração demográfica.[95] Entre as sociedades semissedentárias que habitavam o Brasil,

---

92 *Idem. Op. cit.,* p. 183 e 184.

93 ANCHIETA, José de. "Carta do Ir. José de Anchieta...". In: *op. cit.,* p. 112.

94 GÓIS, Damião de. "Crônica do felicíssimo...". In: *op. cit.,* p. 471.

95 É o que se pode deduzir, por exemplo, a partir das características do regime alimentar dos camponeses na sociedade feudal apresentadas por Antoni Riera-Melis (RIERA-MELIS, Antoni. "Sociedade feudal e alimentação". In: FLANDRIN, Jean-Louis e MONTANARI, Massimo. *Op. cit.*). Além disso,

a inexistência de animais reservados para o abate foi notada desde o primeiro relato elaborado pelo escrivão Pero Vaz de Caminha.[96] Alguns anos depois, mesmo diante de uma provável aclimatação de animais domésticos europeus em terras americanas, Jean de Léry assinalaria o fato de que "muito raramente se alimentam com animais domésticos".[97]

Entretanto, a ausência de animais específicos para o abate repercutia em um amplo leque de animais consumptíveis. Com efeito, em um primeiro momento, o que se evidenciava era a exoticidade dessa fauna. É o que se pode deduzir dos ecos produzidos pelas notícias que acompanharam o desembarque da nau *Anunciada*[98] em Lisboa, no ano de 1501. Em carta redigida às autoridades italianas, Bartolomeu Marchionni, banqueiro florentino que também foi armador da esquadra de Cabral, sublinhou que a tripulação da embarcação trouxe "muitas espécies de aves e animais, por nós desconhecidos e jamais vistos".[99]

Dessas muitas espécies naturais da América, que por serem desconhecidas despertaram a atenção do comerciante florentino, a

---

Jean-Luis Flandrin apresenta o paradoxo segundo o qual, "muitas vezes, algumas ricas regiões produtoras de cereais sofrem com a penúria de uma má colheita, fato que não se observa em regiões mais pobres, mais dependentes da coleta, que, por não dependerem exclusivamente da colheita, mantém seu sustento com regularidade mesmo em períodos de escassez" (FLANDRIN, Jean-Louis. "Os Tempos modernos". In: *idem. Op. cit.*).

96 "Eles não lavram nem criam. Nem há aqui boi, nem vaca, nem cabra, nem ovelha, nem galinha, nem outra nenhuma alimária que seja costumada ao viver dos homens" (CAMINHA, Pero Vaz de. "Carta ...". In: *op. cit.*, p. 109).

97 LÉRY, Jean de. *Op. cit.*, p. 135.

98 A mencionada embarcação integrou a expedição de Cabral que aportou na Terra de Santa Cruz em 1500 (Ver "Ementa" da "1ª Carta de Bartolomeu Marchionni" (1501) In: *Brasil 1500...*, p. 189).

99 "2ª Carta de Bartolomeu Marchionni" (1501) In: *Brasil 1500...*, p. 195.

O pão e o vinho da terra   61

pena de Jean de Léry soube escrever das que lhe coube;[100] "na descrição dos animais silvestres do país", enuncia o calvinista, "começarei pelos que lhes servem de alimentação".[101] E passa a retratar, na sequência, uma série de animais que serviam de caça aos índios tupinambás. A saber; o tapirussú, uma espécie de semivaca e semi-asno; certas espécies de corças e veados, chamados soo-uassús; e, também, o javali do país, denominado taiassú. Além desses animais para a caça, havia também outros, mais bravios, entre os quais se encontram o agutí, os tapitis, o pague e o tatu. Por fim, alguns gêneros

---

100 Léry descreve algumas das espécies, provavelmente, as mais usuais. Entretanto, como foi mencionado anteriormente, é o *Tratado* de Gabriel Soares de Sousa que registra de modo mais abrangente a flora e a fauna americana dessa época. Todavia, acredito que seria enfadonho arrolar no corpo do texto toda a fauna que o tratadista descreve, juntamente com os comentários a respeito da qualidade das carnes. Por isso, tal como foi feito para o caso das frutas na nota 86, serão apontados aqui os animais mencionados na obra: as antas; o jaguaretê; a jaguaruçu, a jaguaracanguçu e a suçurana; algumas castas de veados, como o suaçu e a suaçuapara; alguns animais que se mantém de rapina, como o tamanduá, a jaguapitanga, o quati, os maracajás e o sarigüê; a jagurecaca; alguns porcos-do-mato, como o tajaçu, o tajaçutirica e o tajaçueté; certos porcos e outros bichos que se criam na água doce, entre os quais se encontram a capivara, a jaguarapeba, a irara e a vivia; diversas castas de tatus, tais como o tatuaçu, o tatu-mirim, uns tatus meãos e o tatupeba; as pacas, as cutias e a cutia-mirim; alguns ratos que se comem, e coelhos como o saviá, os aperiás, o saviá-tinga, o saviá-coca e o tapotim; alguns cágados, como o jabuti, o jabutiapeba e o jabuti-mirim; não deixa de observar, também a qualidade das cobras, lagartos e outros bichos e menciona a jiboia; a sucuriú, a araboia a taraiboia; as jereracas; a tiopurana; menciona também lagartos e camaleões, como o jacaré, os sinimbus e o tejuaçu; trata também das rãs e sapos que há no Brasil como os cururus, a juiponga, as ovas de rãs denominadas juins, a juijiá, a juií; a juiperereca e a juiperereca (SOUSA, Gabriel Soares de. *Op. cit.*, p. 243-265).

101 LÉRY, Jean de. *Op. cit.*, p. 135.

de caça menos habituais entre os quais Léry acrescenta os jacarés, alguns sapos, serpentes e o tuú, um lagarto verde que o francês achou, a princípio, repugnante.[102]

O sentimento de repugnância por parte dos estrangeiros em relação a alguns dos alimentos consumidos pelos nativos americanos não foi, evidentemente, um privilégio de Léry. Fernão Cardim classifica como "imundos" cobras, sapos e ratos que eram eventualmente caçados e utilizados como alimento. O erudito historiador Jerônimo Osório, em sua descrição dos povos autóctones da Terra do Brasil, estranha que, embora os nativos comam macacos, lagartos, cobras e ratos, "nenhum desses manjares os entoja".[103] Segundo Keith Thomas, à época era comum, na Inglaterra, o repúdio ao consumo de animais tais como o macaco por sua manifesta semelhança ao homem. Além disso, havia também objeção aos animais "nascidos da putrefação", tais como alguns répteis. Contudo, ao que tudo indica, portugueses e franceses também compartilhavam dessas objeções.[104]

Dentre esse repertório "inusitado", a içá também foi um gênero que despertou certo incômodo entre os estrangeiros. Ao que tudo indica, entre eles, seu consumo estava longe de ser usual, exceto aos que estavam habituados à convivência dos nativos.[105] Contudo, para José de Anchieta, essas formigas eram tidas "aqui por manjar

---

102 *Idem*, p. 135-140.

103 osório, Jerônimo. *Da vida e feitos de El-Rei D. Manuel.* (1571). In: *Brasil 1500...* p. 496.

104 Ver thomas, Keith. *O homem e o mundo natural: mudança de atitude em relação às plantas e aos animais, 1500-1800.* Trad. João Roberto Martins Filho. São Paulo: Companhia das Letras, 1996. Principalmente o capítulo II: "História natural e erros vulgares".

105 Segundo Gabriel Soares, "a estas formigas comem os índios torradas sobre o fogo, e fazem-lhe muitas festa e alguns homens brancos que andam entre eles,

delicado, e nunca pensamos que temos pouco quando as temos".[106]
E é também o próprio Anchieta quem descreve um outro gênero
comum aos nativos:

> Criam-se em canas [taquaras] uns bichos roliços e
> alongados, todos brancos, da grossura dum dedo,
> que os Índios chamam de rahû e costumam comer
> assados e torrados. E há-os em tanta quantidade que
> deles se faz banha semelhante à do porco, e serve
> para amolecer coiro e para comer.[107]

Enfim, grosso modo, eram esses os gêneros que poderiam ser
caçados no decorrer do século XVI. Todavia, a pesca – que não
deixa de ser uma modalidade de caça – integrava também a base
produtiva de alimentos das sociedades semissedentárias que habitavam a Terra do Brasil à época da presença dos primeiros colonizadores. Em 1503 Américo Vespúcio comentava que os habitantes
nativos das terras encontradas pelos portugueses eram "pescadores

---

e os mestiços, têm por bom jantar, e o gabam de saboroso, dizendo que sabem
a passas de Alicante" (SOUSA, Gabriel Soares de. *Op. cit.*, p. 271).

106 ANCHIETA, José de. "Carta do Ir. José de Anchieta ao P. Inácio de Loyola...".
In: *Cartas...*, p. 123.

107 ANCHIETA, José de. "Carta ao P. Diego Laynes, Roma, S. Vicente 31 de maio
de 1560". In: *Cartas dos primeiros jesuítas do Brasil*. Tomo 3. LEITE, Serafim
(org.). São Paulo: Comissão do IV centenário da cidade de São Paulo, 1954.
Apêndice 1, p. XII e XIII. Investido de certa ironia, Camara Cascudo afirma
que "os preceitos da dieta indígena compreendiam larvas e formigas, assus-
tando civilizados devotos de caracóis, cogumelos, queijos pútridos e carnes
submetidas à prévia faisandage nauseante" (CASCUDO, Luis da Camara. *Op.
cit.*, p. 168).

64 Rubens Leonardo Panegassi

aplicados",[108] ao que acrescenta; "aquele mar é piscoso e copioso em todo gênero de peixes".[109]

E a respeito dessa copiosidade de peixes de água salgada, é Jean de Léry quem fez menção de algumas das espécies com as quais tomou contato. Menciona certos sargos, que julga saborosos, denominados kyremá e paratí; também um peixe grande, chamado camoroponí-uassu; cita o uará, e o considera tão delicado quanto a truta. Diz também do acarapeh, que afirma possuir ótima carne. Por fim, refere-se ao acará-butá, que é menos agradável ao paladar. Quanto aos peixes de água doce, diz o autor; "os rios desse país estão cheios de uma infinidade de peixes medianos e pequenos aos quais chamam os selvagens pira-mirim"[110] e diante dessa diversidade, opta por descrever apenas duas espécies por sua deformidada, a saber, o tamuatá – que embora julgue possuir uma cabeça monstruosa, considera sua carne agradável – e o paná-paná – cujo aspecto lhe é horrendo. [111]

---

108 Segundo Hans Staden, "têm a vista muito aguçada. Quando em algum lugar um peixe vem à superfície, atiram nele, e somente poucas flechas não atingem o alvo. Assim que um peixe é atingido, atiram-se à água e nadam atrás dele [...] Além disso, eles têm pequenas redes [...] Quando querem pescar com estas redes, juntam-se e formam um círculo na água rasa, de modo que todos tenham uma área para si. Alguns deles vão, então, para dentro do círculo e batem na água. Se um peixe quiser então fugir para o fundo, ele cai na rede. Quem pegar muitos peixes dá aos que ficaram com menos" (STADEN, Hans. *Op. cit.,* p. 93 e 94).

109 VESPÚCIO, Américo. "Mundus Novus...". In: *Brasil 1500...,* p. 318.

110 LÉRY, Jean de. *Op. cit.,* p. 162.

111 *Idem*, p. 161-163. Assim como no caso das frutas e dos animais, quem melhor apresentou a ictiofauna brasileira e sua utilização foi o *Tratado,* de Gabriel Soares. Tal como nas notas 86 e 100, serão arroladas aqui as espécies que o autor faz menção, notadamente para consumo, que são as baleias (considerada, portanto, um peixe); o araguaguá, o uperu, as

O pão e o vinho da terra   65

De todo modo, a ictiofauna copunha, de fato, uma importante fonte de alimentos. O padre Manuel da Nógrega também exaltou a quantidade e a qualidade dos pescados na Terra do Brasil, ao que acrescentava a existência de "mucho marisco, de que se mantienen

lixas; o peixe-boi, guaraguá; alguns peixes grandes como o bejupirá, o tapisiçiá, o camurupi, o piraquiroá, o carapitanga; o cunapu, os cupás, o guarapecu, o guiará; alguns peixes de couro, entre os quais o panapaná, o socuri, o curis, o urutus, o caramuru, jabupirá; outras espécies diversas, onde menciona o tacupapirema, os bonitos, o caraoatá, o piracuca, os camurins, os abróteas, os ubaranas, o goavicoara, os sororocas, o maracuguara, a jirucoá, espécie de tartaruga; dedica um capítulo aos paratis, ao zabucaí, o tareira, os corimás, o arabori e os carapebas; descreve alguns peixes medicinais, entre eles o jaraguaraçá, o piraçaquém, os bodiães, os tucupás e os guaibiquatis; anota alguns peixes que se criam na lama como o urumaçá, o caiacanga, o aimoré, o aimoreuçus, o baiacu, o piraquioá e o bacupuá; diz, também de alguns peixinhos e camarões, tais como o mirucaia, os piraquiras, os pequitins, o carapiçaba e os potipemas; menciona os lagostins, como o potiquiquiá e os ucas; trata de algumas espécies de caranguejos como os siris, os guaiás, os aratus, os guaiararas, os guaiauçás; menciona a qualidade de diversas ostras, como o leriuçu, o leri-mirin e os leri-pebas; menciona também diversos mariscos, como os sernambis, os taracobas, os sururus, os berbigões e o guaripoapém; comenta a respeito da diversidade de búzios bons para comer, como os tauçus, o uatapu, o uapuaçu, o ferigoás, o ticoarapuão, o sacuraúna e o ticoeraúna. A respeito dos peixes de água doce, menciona o eirós, as tareiras, os juquiás, os tamuatás, a piranha, o querico, o uacari, as piabas, o maturaquê, o guarara, os acarás, os tamboatás, bem como algum marisco que se cria em água doce, como o sapicaretá, as amêijoas os mexilhões e diversos camarões como o poti, os aratus, o araturé e o potiuaçu.

los de la tierra".[112] E, poucos anos depois, comentaria o padre Luís da Grã "o pescado é muito gostoso e saníssimo".[113]

Mas, dentre todos os peixes e pescados presentes na costa leste da América do Sul, o que mais despertou a atenção adventícia foi o peixe-boi: um mamífero. Tanto o peixe-boi quanto a baleia foram classificados na categoria dos peixes, ainda que ambos tenham merecido um capítulo especial no *Tratado* de Gabriel Soares. O que denota uma certa individuação na taxonomia do tratadista em relação a essas espécies e as demais.

Entretanto, o peixe-boi se apresentava como um animal exótico aos olhos desses observadores e chegou a despertar dúvidas quanto à sua natureza:

> Este peixe é nestas partes real, e estimado sobre todos os demais peixes, e para se comer muito sadio, e de muito bom gosto, ora seja salgado, ora fresco; e mais parece carne de vaca que peixe. Já houve alguns escrúpulos por se comer em dias de peixe [...] cura-se ao fumeiro como porco ou vaca, e no gosto se coze com couves, ou outras ervas sabe a vaca, e concertada com adubos sabe a carneiro, e assada parece no cheiro, e gosto, a gordura porco, e também toucinho.[114]

Enfim, a comparação com a carne de vaca ou a carne de porco era recorrente. Por sua vez, Gândavo anotou que "esse peixe é muito gostoso em grande maneira e totalmente parece carne, tanto na

---

112 NÓBREGA, Manuel da. "Informação...". In: *Cartas dos primeiros jesuítas*, p. 148.

113 GRÃ, Luís da. "Carta do P. Luís da Grã ao P. Inácio de Loyola...". In: *Cartas dos primeiros jesuítas*, p. 135.

114 CARDIM, Fernão. *Op. cit.,* p. 45. O grifo é meu.

O pão e o vinho da terra   67

semelhança como no sabor, e assado não tem nenhuma diferença de lombo de porco".[115]

Em suma, essas diferentes qualidades de gêneros obtidos tanto por meio do cultivo, quanto por meio da coleta, da caça e da pesca, compõem um repertório alimentar que pressupõe uma situação regular no abastecimento dessas sociedades. É certo que, tal como foi apontado anteriormente, esse modelo de produção pode oferecer um regime mais variado e contínuo, de acordo com algumas circunstâncias, à medida que a dependência exclusiva do cultivo pode ser comprometida diante de catástrofes naturais.

No entanto, ao que tudo indica, a escassez não era desconhecida dos habitantes autóctones da América do Sul. Ainda que Luis da Camara Cascudo afirme não existir "documentos para informar se o indígena possuía alimentos da fome",[116] não é o que se depreende de uma anotação feita por Gabriel Soares de Sousa a respeito de certo gênero utilizado em situações de carestia:

> Lança a rama da mandioca na entrada do verão umas flores brancas como de jasmins, que não têm nenhum cheiro, e por onde quer que quebram a folha lança leite, a qual folha o gentio come cozida em tempo de necessidade, com pimenta da terra.[117]

Gabriel Soares informa ainda dois outros gêneros consumidos em situações que aparentemente evocam certa escassez – desde que se possa compreender o sertão como região situada além das fronteiras, distante das terras cultivadas e investida de certa aspereza. Uma delas, denominada *piçandós*, "são umas palmeiras bravas e

---

115 GÂNDAVO, Pero de Magalhães. *Op. cit.,* p. 119.
116 CASCUDO, Luis da Camara. *Op. cit.,* p. 167.
117 SOUSA, Gabriel Soares de. *Op. cit.,* p. 173.

baixas que se dão em terras fracas; dão uns cachos de cocos pequenos e amarelos por fora, que é mantimento para quem anda pelo
sertão"[118] e a outra, chamada *umbu*, natural da caatinga:

> Esta árvore lança das raízes naturais outras raízes ta-
> manhas e da feição das botijas [...] cujo sabor é mui-
> to doce, e tão sumarento que se desfaz na boca tudo
> em água frigidíssima e mui desencalmada; com o
> que a gente que anda pelo sertão mata a sede onde
> não acha água para beber, e mata a fome comendo
> esta raiz.[119]

Por fim, quando a necessidade obrigava à abstinência, havia
uma outra modalidade de "alimento" bastante providencial: o *pe-
tyn*. Segundo Jean de Léry,

> goza essa erva de grande estima entre os selvagens
> [...] Tomam [...] quatro ou cinco folhas que enro-
> lam em uma palma [...] chegam ao fogo a ponta [...]
> acendem e põem a outra na boca para tirar a fuma-
> ça que apesar de solta de novo pelas ventas e pela
> boca os sustenta a ponto de passarem três ou quatro
> dias sem se alimentar, principalmente na guerra ou
> quando a necessidade os obriga à abstinência [...] di-
> rei que experimentei a fumaça do petyn e verifiquei
> que ela sacia e mitiga a fome.[120]

Fernand Braudel revela a dificuldade que existe para classificar gêneros tal como o tabaco e hesita em situá-los entre os

---

118 *Idem*, p. 198.

119 *Ibidem*, p. 192.

120 LÉRY, Jean de. *Op. cit.*, p. 179.

"estupefacientes, alimentos ou remédios".[121] A dúvida do historiador ecoa algumas descrições do século XVI, sobretudo com relação às bebidas, uma vez que não se costumava diferenciar nitidamente o ato de sugar líquido do ato de sugar fumo.[122] É possível vislumbrar o fenômeno no registro de Fernão Cardim:

> Costumam estes gentios beber fumo de petigma por, outro nome erva santa; esta secão e fazem de uma folha de palma uma canguera, que fica como canudo de cana cheio desta herva, e pondo-lhe o fogo na ponta metem o mais grosso na boca, e assim estão chupando e bebendo aquele fumo, e o têm por grande mimo e regalo, e deitados em suas redes gastão em tomar estas fumaças parte dos dias e das noites.[123]

Com isso, o cruzamento de diferentes documentos permite descrever – ainda que de maneira bastante geral – parte do repertório alimentar utilizado pelas populações nativas da costa leste da América do Sul, em especial o que se dispunha em seu meio ambiente.[124] Não há dúvidas de que esses relatos foram produzidos em um contexto de rápidas transformações culturais e, possi-

---

121 BRAUDEL, Fernand. *Civilização material, economia e capitalismo, séculos XV-XVIII. As estruturas do cotidiano: o possível e o impossível*. Trad. Telma Costa. Lisboa: Teorema, p. 224.

122 Além do já mencionado vínculo que então existia entre a alimentação e as práticas medicinais.

123 CARDIM, Fernão. *Op. cit.*, p. 92.

124 A pretensão não foi realizar um levantamento exaustivo de todos os gêneros que eventualmente fossem consumidos, mas sim esboçar um quadro que permita vislumbrar a possível base alimentar dos nativos com os quais os estrangeiros tomaram contato no primeiro século de sua presença na América. Com isso, inúmeros não foram citados, tais como o pimentão, certas castanhas,

velmente, condicionaram aspectos dessas descrições. Entretanto, é importante considerar que, no âmbito de uma situação na qual um grande número de pessoas é inserido em um novo ambiente cultural, ainda que os recém-chegados procurem preservar seus padrões culturais de origem, a necessidade de sobreviver impõe inúmeros ajustes, principalmente nos primeiros anos de presença na nova área. Oportunamente, Florestan Fernandes sugeriu que, enquanto a presença de estrangeiros na América era pequena, viviam "sujeitos à vontade dos nativos",[125] de quem dependiam, sobretudo na esfera da alimentação. Ora, uma vez que o conhecimento humano é cumulativo, e as gerações vindouras aprendem com suas antecedentes, cristalizam-se, desse modo, novos padrões de comportamento[126] – no caso, de hábitos alimentares. Assim, mesmo imersas em um contexto de rápidas transformações culturais, as fontes revelam muitos aspectos dos modos de vida autóctone, com a qual os primeiros adventícios aprenderam por meio do convívio.

Os alimentos estrangeiros

A consideração de que os primeiros estrangeiros que chegaram à Terra de Santa Cruz tenham procurado preservar alguns de seus padrões culturais de origem pode revelar, em certa medida, o repertório alimentar que o fidalgo missivista João de Mello Câmara dispunha como referência quando objetivou em termos negativos os *mantimentos da terra*. Com efeito, inúmeros são os gêneros

---

caroços de algodão; certos gêneros que demandam elaboração, como a farinha-de-guerra, a paçoca etc. e também os alimentos de acompanhamento.

125 FERNANDES, Florestan. "Antecedentes indígenas: organização social das tribos Tupis". In: HOLANDA, Sérgio Buarque de e CAMPOS, Pedro Moacyr. *Op. cit.*, p. 80.

126 Ver LOCKHART, James e SCHWARTZ, Stuart B. *Op. cit.*, p. 87.

O pão e o vinho da terra 71

estrangeiros mencionados pelos cronistas. Ora por sua falta, ora por sua adaptabilidade e ora como referencial comparativo, na tentativa de se fazer entender com clareza descrições de espécies totalmente desconhecidas de seus leitores contemporâneos.

Na história europeia, alguns alimentos desempenharam papel de grande importância, tal como o pão. Para se compreender a importância desse alimento na História da Europa, não se pode deixar de percorrer a História do Cristianismo no continente europeu.

Com efeito, no século IV, com Teodósio I, o cristianismo se tornou religião oficial no Império Romano.[127] Nascida no âmbito da civilização mediterrânica, a religião cristã incorporou como símbolos alimentares produtos que formavam a base material e ideológica dessa civilização, na qual a presença do trigo era expressiva.

127 Para Fernand Braudel, o cristianismo tornou-se religião oficial pelo edito de Constantino no ano de 313. Por outro lado, de acordo com Giovanni Filoramo, embora o período no qual se processou a transformação do cristianismo em religião de Estado seja chamado de era constantiniana, o imperador Constantino limitou-se a reconhecer o cristianismo como *religio licita* através do "Edito de Milão" de 313. Na opinião de Filoramo foram os editos de Teodósio que elevaram o cristianismo à condição de religião oficial do Império. Por sua vez, J. R. Palanque sustenta que em 311 foi publicado um edito de tolerância ao cristianismo. Entretanto, sugere que não houve a promulgação de um edito em Milão no ano de 313. Com relação à elevação do catolicismo a religião oficial de estado, Palanque sugere que foi, de fato, com Teodósio, por meio de um edito promulgado em 380 que a Igreja Católica se afirmou como a única religião do Império. (Sobre o assunto ver BRAUDEL, Fernand. *Gramática das civilizações*. Trad. Pádua Danesi. São Paulo: Martins Fontes, 2004, p. 310; FILORAMO, Giovanni. *Monoteísmos e dualismos: as religiões de salvação*. Trad. Camila Kintzel. São Paulo: Hedra, 2005, p. 73; PALANQUE, J. R. "La paix constantinienne". In: FLICHE, Augustin & MARTIN, Victor (org.) *Histoire de l'Église depuis lês origines jusqu'à nos jours. De la paix constantinienne à la mort de Théodose*. Paris: Bloude & Gay, 1945 e PALANQUE, J. R. "Le catholicisme religion d'État". In: *op. cit.*

Cultivada há cerca de 10.000 anos, esta planta teve relevante destaque entre os povos da Antiguidade, uma vez que foi um dos principais gêneros alimentícios na Mesopotâmia, no Egito, na Grécia e também em Roma. Com isso, o trigo, que já estivera associado ao culto da deusa grega Deméter (Ceres para os romanos), alcançou o posto de alimento sagrado entre os cristãos que incorporaram-no a seus cultos.[128] Nessa perspectiva, Fernand Braudel chegou a sugerir que o "trigo é, antes do mais, o Ocidente".[129]

O fato é que o trigo acompanharia os cristãos em suas conquistas. Com efeito, de acordo com Pero de Magalhães de Gândavo, tanto o Rio de Janeiro quanto São Vicente, por serem as terras mais frias do Brasil, eram favoráveis ao cultivo de trigo. Entretanto, seu cultivo não se desenvolveu em função da existência de outras opções de mantimentos cujo custo era menor.[130] Por sua vez, Fernão Cardim reitera Gândavo, ainda que em outros termos:

> No Rio de Janeiro e Campo de Piratininga se dá bem trigo, não no usão por não terem atafonas nem moinhos, e tambem têm trabalho em o colher, porque pelas muitas águas, e viço da terra não vem todo junto, e multiplica tanto que hum grão deita setenta, e oitenta espigas, e humas maduras vão nascendo outras e multiplica quase in-finitum. De menos de

---

128 Ver MCCORRISTON, Joy. "Wheat". In: KIPLE, Kenneth F. and ORNELAS, Kriemhild Coneè. *Op. cit.* Ver também MONTANARI, Massimo. *A fome e a abundância: história da alimentação na Europa.* Trad. Andréa Doré. Bauru: Edusc, 2003, p. 29 e seguintes.

129 BRAUDEL, Fernand. *Civilização material, economia e capitalismo, séculos XV-XVIII. As estruturas do cotidiano: o possível e o impossível.* Trad. Telma Costa. Lisboa: Teorema, p. 85.

130 GÂNDAVO, Pero de Magalhães. *Op. cit.,* p. 71, nota 26.

huma quarta de cevada que hum homem semeou no Campo de Piratininga, colheu sessenta e tantos alqueires, e se os homens se dessem a esta grangeria, seria terra muito rica e farta.[131]

Seja qual tenha sido o verdadeiro obstáculo para o desenvolvimento do cultivo do cereal nessas regiões, os estrangeiros que se encontravam no Brasil no decorrer dos primeiros séculos da colonização não deixaram de observar, de algum modo, seja sua presença, seja sua falta. O padre Manuel da Nóbrega, ao comentar a respeito dos mantimentos da terra, mencionou a confecção de uma farinha que prescindia a de trigo.[132] Por sua vez, Luis da Grã anunciava em carta remetida ao padre Inácio de Loyola que "pão de trigo não o têm se não de Portugal".[133]

Tal como o trigo, o vinho também foi incorporado como símbolo alimentar pela religião cristã. Bebida resultante da fermentação do sumo da uva, sua história se confunde com a própria domesticação da videira, há cerca de 7.400 ou 7.000 anos. Historicamente, o vinho foi integrado à cultura grega na Antiguidade, cuja importância simbólica remete à sua presença nos cultos ao deus Dionísio (Baco para os romanos).[134] Na pena de Fernand Braudel, o vinho, "se se trata de o beber, congrega a Europa inteira".[135]

Com isso, essa bebida também acompanhou os europeus para fora da Europa. De sua presença na América portuguesa no

---

131 CARDIM, Fernão. *Op. cit.,* p. 59.

132 Ver nota 58 desta dissertação.

133 GRÃ, Luís da. "Carta do P. Luís da Grã ao P. Inácio de Loyola...". In: *Cartas dos primeiros jesuítas,* p. 130.

134 NEWMAN, James L. "Wine". In: KIPLE, Kenneth F. and ORNELAS, Kriemhild Coneè. *Op. cit.*

135 BRAUDEL, Fernand. *Op. cit.,* p. 198.

decorrer do século XVI, existem alguns registros que expressam sua indispensabilidade – juntamente com a farinha de trigo – dentro de certos contextos, tal como expressou o irmão António Blázquez na ocasião da chegada de certa nau que vinha da Índia, capitaneada por D. Luís, filho do Arcebispo de Lisboa;[136] "foi em parte proveitosa para a terra, por trazer vinho e farinha para as missas que já não o podíamos descobrir".[137]

O trigo podia ser dispensável quando reservado à alimentação, tal como apontou Manuel da Nóbrega. Entretanto, assim como o vinho, quando destinado à missa, era imprescindível. Daí o fundamento da malograda tentativa de cultivar o cereal na região sul da colônia. Por sua vez, à parreira também foi dada a oportunidade de vicejar; "há muitas castas d'uvas como ferraes, boaes, bastarda, derdelho, galego e, outras muitas" notou Fernão Cardim.[138] Por sua vez, Gabriel Soares de Sousa ao tratar das árvores da Espanha que se dão na Bahia[139] comenta que, embora a parreira dê frutos o ano

---

136 Nota de esclarecimento: "D. Luis de Vasconcellos de Menezes era filho de D. Fernando de Menezes, Arcebispo de Lisboa; mais tarde, tornaria ao Brasil, em 70, como Governador geral, com o Padre Ignácio de Azevedo e seus 39 companheiros, todos trucidados pelos piratas calvinistas Sore e Cap-de-Ville, a 15 de julho, junto à ilha de Palma" (*Cartas avulsas, 1550-1568. Azpicuelta Navarro e outros*. Belo Horizonte: Itatiaia/Edusp, 1988, p. 219. Nota 115).

137 BLÁZQUEZ, António. "Carta do Ir. António Blázquez por comissão do P. Manuel da Nóbrega ao P. Diego Laynes, Roma. Baía último de abril de 1558". In: *Cartas dos primeiros jesuítas do Brasil*. Tomo 2. LEITE, Serafim (org.). São Paulo: Comissão do IV centenário da cidade de São Paulo, 1954, p. 438.

138 CARDIM, Fernão. *Op. cit.,* p. 58.

139 Dessas árvores da Espanha, Gabriel Soares de Sousa aponta diferentes espécies que vicejaram no Brasil. Além das parreiras, menciona a cana-de-açúcar, a figueira, a romeira, a laranjeira, a limeira, a cidreira e as tamareiras. Dedica também atenção aos frutos estrangeiros que se dão na Bahia, entre os quais menciona o gengibre, o arroz e o inhame.

O pão e o vinho da terra   75

todo, seu cultivo não é sistemático em função das formigas, diferentemente da capitania de São Vicente onde esses insetos não a prejudicam.[140] Contudo, o padre Luis da Grã testemunhou que na Bahia fora produzido vinho.[141]

A uva empregada na elaboração do vinho e o trigo utilizado para a feitura do pão eram gêneros de máxima importância para a reprodução dos modos de vida dos estrangeiros que aportavam na América portuguesa no decorrer do século XVI. Todavia, não eram unicamente esses os alimentos que compunham seu repertório. Daí a vigilância e a expectativa a respeito da potencialidade da terra em fazer frutificar árvores e frutos estrangeiros. Em relação às frutas, o padre Manuel da Nóbrega especula; "creio se daríam aqui se se plantassem".[142] Informação mais tarde confirmada por Luís da

Por fim, enumera uma série de sementes da Espanha que se dão na Bahia, onde enquadra os melões, os pepinos, as abóboras, as melancias, as abóboras-de-quaresma, a mostarda, os nabos, os rábanos, as couves, as alfaces, o coentro, o endro, o funcho, a salsa, a hortelã, a semente de cebolinha, o alho, a berinjela, a tanchagem, o poejo, o agrião, o manjericão, a alfavaca, a beldroega, a chicória, o maturço, a cenoura, a acelga e o espinafre (SOUSA, Gabriel Soares de. Op. cit., p. 165-172). Além das espécies elencadas por Gabriel Soares é possível vislumbrar outras, provavelmente comuns na Península Ibérica, uma vez que são utilizadas comparativamente para a descrição dos gêneros nativos da América. O autor cita a amêndoa, a castanha, a noz, a avelã, a alcachofra, a oliva, a maçã, o pêssego, a alfarroba, a ameixa, o marmelo, a pêra, a cereja, a fava, a amora, o albricoque e o medronho.

140   Ver SOUSA, Gabriel Soares de. Op. cit., p. 166.

141   GRÃ, Luís da. "Carta do P. Luís da Grã ao P. Inácio de Loyola...". In: op. cit., p. 131.

142   NÓBREGA, Manuel da. "Informação das Terras do Brasil ...". In: op. cit., p. 148.

Grã; "tem-se experiência que quase todas as que há no Reino se darão aqui muito bem".[143]

No Brasil do século XVI, o modelo de produção de gêneros era basicamente de subsistência. Em sua jornada pelo Brasil, Fernão Cardim anotou a produção de alimentos nos colégios jesuítas que visitou. A respeito da Bahia, comenta; "legumes não faltam da terra e de Portugal; berinjelas, alfaces, couves, abóboras, rabão e outros legumes e hortaliças".[144] O padre dá notícias também sobre o Rio de Janeiro, onde assinalou:

> Os padres têm aqui melhor sitio da cidade [...] A cerca é cousa formosa; tem muito mais laranjeiras que as duas cercas d'Evora [...] muitos marmelleiros, romeiras, limeiras, limoeiros e outras fructas da terra. Também tem uma vinha que dá bôas uvas, os melões se dão no refeitorio quase meio anno, e são finos, nem faltam couves mercianas bem duras, alfaces, rabãos e outros generos d'hortaliça de Portugal em abundancia.[145]

Segundo Fernand Braudel, "entre o século XV e o século XVIII, a alimentação humana consiste, essencialmente, em alimentos vegetais".[146] Todavia, para ele, a Europa era fundamentalmente carnívora, situação que se modificaria somente a partir do século XVII, em função do aumento demográfico no continente.[147]

---

143 GRÃ, Luís da. "Carta do P. Luís da Grã ao P. Inácio de Loyola...". In: *op. cit.,* p. 131.

144 CARDIM, Fernão. *Op. cit.,* p. 144.

145 *Idem. Op. cit.,* p. 171.

146 BRAUDEL, Fernand. *Op. cit.,* p. 81.

147 Ver *Idem. Op. cit.,* p. 83.

Tal como foi apontado, o trigo e o vinho foram incorporados pela cultura europeia ocidental a partir da assimilação da base material e simbólica das antigas civilizações mediterrânicas. Por sua vez, a carne também foi integrada positivamente como alimento por meio da incorporação dos modelos produtivos e mentais oriundos do universo cultural das tribos germânicas góticas, vandálicas e suevas que penetraram as fronteiras do Império Romano a partir do século IV. No âmbito dessas sociedades, esse gênero alcançava o *status* de valor alimentar por excelência.[148]

Por sua vez, na América portuguesa, a tentativa de adaptar gêneros estrangeiros não se limitou ao cultivo de vegetais. Juntamente com o trigo e o vinho, a criação de animais também acompanhou os adventícios para fora da Europa. Fernão Cardim maravilhou-se com a acolhida que recebeu em sua jornada aos engenhos do Recôncavo Baiano, onde experimentou "todas as variedades de carnes, galinhas, perús, patos, leitões, cabritos, e outras castas e tudo têm de sua criação".[149] Exceto o peru, nativo da América, todos os outros animais integravam o cardápio europeu.

Quanto à pesca, é preciso notar que essa atividade ocupava um lugar especial, sobretudo na sociedade portuguesa. De acordo com Isabel M. R. Mendes Drumond Braga, Portugal é um país vocacionado para a pesca devido a sua situação geográfica. Segundo a autora, a grande presença de pescados no país fez desse gênero um alimento presente na dieta das mais diversas classes sociais. Além disso, sublinhou que os dias de jejum e abstinência decretados pela Igreja, também estimularam o consumo de peixes no seio de diferentes estratos da sociedade.[150] Por outro lado, João Pedro Ferro su-

---

148 MONTANARI, Massimo. *Op. cit.*, p. 25 e seguintes.

149 CARDIM, Fernão. *Op. cit.*, p. 157 e 158.

150 BRAGA, Isabel M. R. Mendes Drumond. *Do primeiro almoço à ceia. Estudos de História da Alimentação.* Sintra: Editora Colares. Especificamente o

78   Rubens Leonardo Panegassi

gere que o peixe era alimento de base para as classes menos abastadas, enquanto seu consumo por parte da aristocracia provinha essencialmente das prescrições religiosas.[151]

Por fim, tal como descreveu Luis da Camara Cascudo em uma síntese bastante informal da ementa portuguesa:

> Rebanhos de gado de todas as espécies. Rios piscosos e mar inesgotável. A sardinha era rainha, exportada até para Constantinopla. Cevada. Centeio. Aveia. Trigo. Trigo para pão branco, fermentado sob o sinal da Cruz pela mão aldeã. Os milhos-miúdos, milhetos e painços, dando broas e pães, esperando pelos *Zea mays*, milho grosso, milhão, irresistível. Castanhas assadas em fogueiras festivas, como dizia o Ambrósio no auto do *Rei Saleuco*, de Luís de Camões.[152]

Com efeito, o repertório alimentar estrangeiro também está presente nos relatos produzidos no decorrer do século XVI. Se, por

capítulo II, p. 41: "O peixe na dieta alimentar dos portugueses (séculos XVI – XVIII)". Vale notar que a autora recupera, a partir das fontes, um amplo leque de espécies que eram pescadas e consumidas; "em 1610, Duarte Nunes do Leão traçou um quadro da actividade piscícola do reino, salientando irezes, sáveis e solhos do Guadiana; azevias, cações, corvinas, linguados, sáveis, solhos e tainhas do Tejo; eiroses, lampreias, linguados, relhos, salmões, sáveis e trutas dos rios Ave, Cávado, Douro, Leça, Lima, Minho, Mondego, Neiva e Vouga e trutas – peixes de água doce – obtidas nas terras da Beira e de Entre Douro e Minho. A pesca marítima foi ainda onsiderada, tendo merecido destaque besugos, chernes, linguados, salmonetes, sargos, pescadas, peixes-agulha, rodovalhos, sardas e sardinhas de Setúbal e atum do Algarve, além de cações, corvinas, linguados, lixas, pescadas, polvos e raias de Aveiro, Buarcos, Cascais, Pederneira e Peniche".

151 FERRO, João Pedro. *Arqueologia dos hábitos alimentares...*, p. 27.

152 CASCUDO, Luís da Camara. *Op. cit.*, p. 260.

um lado, foi relevante salientar que a presença adventícia em terras americanas foi precedida por uma necessária reelaboração de seus tradicionais modos de vida, por outro, não é menos digno de nota seu empenho constante em preservá-los. A despeito do sucesso dos empreendimentos, o simples vislumbre da possibilidade do transplante e da adaptação de gêneros requer um indispensável domínio sobre o mundo natural. Ora, historicamente, esse domínio resultou de um modo de apropriação paulatinamente coordenado desses recursos. E, evidentemente, esse processo foi acompanhado pela construção de categorias mentais que simultaneamente modelaram percepções e comportamentos em relação a esse mundo.[153]

Diante disso, a objetivação apresentada em termos negativos dos *mantimentos da terra* na letra de Mello Câmara é própria de um modelo instituído que rege uma específica modalidade de relacionamento com o mundo natural. Entretanto, a leitura individual do fidalgo está longe de ser hegemônica. O próprio padre Manuel da Nóbrega admite a qualidade de um mantimento como a mandioca quando utilizada em substituição ao trigo – ainda que, e isso é importante, o cereal seja imprescindível para a celebração da missa.

João de Mello Câmara e o padre Manuel da Nóbrega apresentam, portanto, duas perspectivas extremas a respeito de um mesmo objeto. Todavia, é preciso notar que ambos compartilham uma mesma categoria mental que concatena suas práticas e percepções. Mas, enquanto o primeiro adota um olhar sentencioso, com tendência à dissimilação particularista, o segundo – ainda que não seja menos sentencioso, como se verá – tende à assimilação universalista. Entre esses dois extremos existe um hiato a ser preenchido por um referencial comum: a figura do outro; resultante de um critério avaliador que comporta diferentes registros de leitura.

---

153 Ver THOMAS, Keith. *Op cit*. Ver p. 62.

Esses registros de leitura, bem como suas referências, são produtos culturais. Como foi apontado anteriormente, uma cultura está atrelada, sempre, a um contexto de relações sociais e históricas, que contrapõe e produz a diferença entre os grupos. Assim, para se investigar o sistema de valores utilizado por Mello Câmara e Nóbrega para avaliar – incorporando ou não – as diferenças culturais entre europeus e americanos, é preciso se debruçar sobre um circuito de relações que então se inaugurava entre os dois lados do Atlântico.

Capítulo 2

A Época Moderna e o estreitamento dos circuitos de comunicação: da relação com o meio

"O mundo era tão recente que muitas coisas careciam de nome
e para mencioná-las se precisava apontar com o dedo."
(Gabriel Garcia Márquez, *Cem anos de solidão*)

Atribuições irresolutas

Para se compreender o contexto do qual emergem impressões tão divergentes quanto a de um João de Mello Câmara ou de um padre Manuel da Nóbrega, é necessário evidenciar, primeiramente, que a relação destes homens com o continente americano ao longo do século XVI era, sem dúvida, uma relação com o desconhecido. A tarefa que se impunha era a de assimilar tal ambiente. Diante disso, é possível considerar as expansões marítimas como um ponto de inflexão para a História do Ocidente, sobretudo à medida que tal experiência foi acompanhada pela necessária incorporação desse novo espaço.

A assimilação desse espaço se daria no âmbito de uma tradição intelectual, que, em linhas gerais, procurava conciliar tanto a autoridade das Sagradas Escrituras, quanto o humanismo renascentista – em sua característica recuperação da literatura clássica, bem como de sua valorização do conhecimento a partir da experiência e da observação.

Imbuídos dessa perspectiva, duas tópicas orientaram a percepção desses estrangeiros: por um lado, as visões narrativas do Éden eram projetadas no mundo natural americano, valorizando-o positivamente. Por outro, o estranhamento dos recursos ali disponíveis eventualmente depreciavam os mantimentos locais. Essa ambiguidade, que ora conferia valores positivos e ora negativos à natureza e seus atributos, longe de pender para um ou outro lado, manteve-se irresoluta durante o primeiro século da presença estrangeira e redundou no estabelecimento de equidades que pudessem reduzir e assimilar as diferenças.

Ao longo do século XVI, a Península Ibérica, bem como todo o Ocidente europeu, viu-se, definitivamente, à frente de um Novo Mundo. Foi esta, ao menos, a denominação dada já em 1501 pelo banqueiro Bartolomeu Marchionni às terras encontradas pela esquadra portuguesa de Cabral no ano anterior.[1] Evidentemente, toda a América se prefigurava como um *Novo Mundo*, e esta concepção foi elaborada no âmbito de um horizonte cultural bastante estreito e particularista, sobretudo em função da necessidade de submeter o mundo à autoridade da Bíblia.

Sem dúvida, as Sagradas Escrituras foram, por muito tempo, autoridade inconteste e elemento de referência em todas as disciplinas

---

1 "Este rei tem descoberto nessa [viagem] um Novo Mundo" ("2ª Carta de Bartolomeu Marchionni" (1501) In: *Brasil 1500...*, p. 195). Para Janaína Amado e Luiz Carlos Figueiredo, essa é a referência mais antiga ao Brasil como "Novo Mundo". Em relação à América como um todo, os autores afirmam que "até agora, a mais antiga referência à América (e, portanto, também ao Brasil) como um novo continente, a quarta parte do mundo, um mundo novo, fora localizada em uma carta de Américo Vespúcio, escrita após sua primeira viagem ao Brasil, depois de setembro de 1502, publicada provavelmente em 1503; a "Mundus Novus", também de 1503, cita literalmente a expressão "Novo Mundo" (ver Janaína Amado e Luiz Carlos Figueiredo. In: *Brasil 1500...*, p. 195, nota 8).

O pão e o vinho da terra   83

do saber no âmbito do Ocidente europeu. Diante disso, a concepção de um *orbis alterius*[2] ficava comprometida. Primeiramente pela
exigência de manter a unidade fundamental do gênero humano
como procedente de um único par de genitores. Em segundo lugar,
pela inviável possibilidade de aceitar a existência de algum canto do
orbis terrarum[3] em que não houvesse chegado a palavra de Cristo –
uma vez que se acreditava na difusão efetiva de seu evangelho pelas
missões apostólicas aos confins da Terra.[4]

Ainda nessa ótica, o livro de *Gênesis* era suficientemente objetivo com relação à criação dos mares e das terras: "Deus disse: 'Que
as águas que estão sob o céu se reúnam num só lugar e que apareça
o continente', e assim se fez. Deus chamou ao continente 'terra' e à
massa das águas 'mares', e Deus viu que isso era bom".[5] Daí a convicção imperativa, à época, de que o globo terrestre era composto
por uma única massa de terra, onde se dividiam os três continentes
então conhecidos: a Europa, a Ásia e a África, circundados por um
caudaloso rio: o mar Oceano.[6]

Foi a partir da exploração desse mar Oceano, no intento de buscar uma passagem viável em direção ao Oriente, que a Europa se
deparou com o Novo Mundo e pôde recolocar inúmeras questões
concernentes à sua realidade. É nessa perspectiva que Américo

---

2   *Orbis alterius* era o hipotético hemisfério no qual eventualmente se situariam
    as terras antípodas (ver O'GORMAN, Edmundo. *La invención de América: in-
    vestigación acerca de la estructura histórica del nuevo mundo y del sentido de su
    devenir*. México: Fundo de Cultura Econômica, 2003, p. 61).

3   *Orbis terrarum* era a Ilha da Terra, a porção do globo habitada por homens,
    situada em seu hemisfério norte. (ver O'GORMAN, Edmundo. *Op. cit.*, p 61).

4   O'GORMAN, Edmundo. *Op. cit.* Principalmente a segunda parte, "El hori-
    zonte cultural".

5   Gn 1, 9.

6   O'GORMAN, Edmundo. *Op. cit.*

Vespúcio revela a tônica em torno da qual se colocavam esses problemas em sua famosa carta "Mundus Novus", destinada a Lourenço de Medici:

> Nos dias passados muito amplamente te escrevi sobre meu retorno daquelas novas regiões, que – por mando desse Sereníssimo Rei de Portugal, as suas custas e com a sua frota – procuramos e encontramos, as quais é lícito chamar de Novo Mundo: porque nenhuma delas era conhecida dos nossos maiores; porque é coisa novíssima para todos os que ouviram [falar] delas; e porque isso excede a opinião de nossos antepassados; pois a maior parte deles diz que, além da linha equinocial e para o meridiano, não há continente, mas apenas mar, que chamam de Atlântico. E se alguns deles afirmaram que ali havia continente, negaram – por muitas razões – que aquela terra fosse habitável.
>
> Todavia, essa última minha navegação constatou que essa opinião deles é falsa e totalmente contrária à verdade, já que encontrei naquelas partes meridionais um continente habitado por mais numerosos povos e animais do que nossa Europa, ou Ásia, ou África. Além disso, [encontrei] um ar mais temperado e ameno do que em qualquer outra região por nós conhecida"[7]

Por sua vez, é novamente o banqueiro florentino Bartolomeu Marchionni quem deixa alguns indícios desse debate: ao comentar

---

[7] VESPÚCIO, Américo. "Mundus Novus, de Américo Vespúcio (1503)". In: *Brasil 1500...* p. 307-308.

O pão e o vinho da terra   85

a respeito das aves e dos animais descritos pelos tripulantes da esquadra de Cabral, o comerciante conclui que tais descrições "mostram ser verdadeiras as histórias de Plínio, tido por mentiroso".[8] Anos depois, o padre Manuel da Nóbrega também teceria seus comentários a respeito da fauna brasileira quase nos mesmos termos com que o banqueiro o fez; "andam animais de muitas diversas maneiras, dos quais Plínio nem escreveu nem supôs".[9]

Da mesma forma, José de Acosta se reporta à autoridade do naturalista Plínio ao descrever as diversas utilizações do milho feitas pelos indígenas do Peru:

"O milho não serve aos índios somente de pão, mas também de vinho, porque dele fazem suas bebidas, com que se embriagam fartamente mais rápido que com vinho de uvas [...]" Este modo de fazer beberagem com que se embriagam, de grãos molhados e depois cozidos, Plínio afirma já ter sido usado antigamente em Espanha e França, e em outras províncias, como hoje em dia nas Flandres se usa a cerveja feita de grãos de cevada.[10]

Tanto na pena de Américo Vespúcio, quanto na de Bartolomeu Marchionni, de Manuel da Nóbrega ou de José de Acosta, é notável que o florescimento da literatura clássica ocorrido durante a Renascença manifestava-se como referência diante de algumas circunstâncias. E a apreensão intelectual do Novo Mundo foi, sem dúvidas, o momento em que esse instrumento se mostrou essencial para conceituar uma realidade até então desconhecida. Ao mesmo

8   MARCHIONNI, Bartolomeu. "1ª Carta de Bartolomeu Marchionni" (1501) In: *Brasil 1500...*, p. 189

9   NÓBREGA, Manuel da. "Carta do P. Manuel da Nobrega ao Dr. Martín de Azpiculta Navarro, Coimbra. Salvador [Baía] 10 de agosto de 1549". In: *Cartas dos primeiros jesuítas do Brasil*. Tomo 1. LEITE, Serafim (org.). São Paulo: Comissão do IV centenário da cidade de São Paulo, 1954, p. 135.

10   ACOSTA, José de. *Historia natural y moral de las Indias...*, p. 267.

tempo em que havia a necessidade de inserir a América nos quadros de referência da Sagrada Escritura, colocava-se o problema de saber até que ponto os antigos tiveram notícias da região, ou registraram, outrora, modos de vida similares aos que então se desvelavam. Oportunamente, procurava-se conciliar a experiência na América com a autoridade das Escrituras. É dentro dessa perspectiva que José de Acosta enfrentou a necessária consideração de que todos os animais haviam sido conservados pela arca de Noé. Em sua *Historia natural y moral*, o jesuíta indaga o motivo pelo qual as Américas possuíam uma fauna tão diferente daquela conhecida no Velho Mundo. Sua resposta, longe de trazer uma solução ao problema, o recoloca no âmbito do conhecimento acumulado pela experiência europeia, frente à diversidade de povos com que tivera contato até então:

> é de considerar se os tais animais diferem específica e essencialmente de todos os outros, ou se é sua diferença acidental, que pode ser causada de diversos acidentes, como na linhagem dos homens ser uns brancos e outros negros, uns gigantes e outros anãos.[11]

No âmbito das crônicas e descrições do Novo Mundo, as alusões à experiência do mundo ocidental cristão davam maior estabilidade à permanência ibérica nas Américas. O alinhamento do universo americano a referências reais ou imaginárias, espaciais ou temporais, reduzia de modo significativo as diferenças entre os grupos culturais que se relacionavam concretamente em terras americanas. Desse modo, a presença ibérica na América só foi possível por meio dessa operação assimiladora, que deita raízes tanto na

---

11 *Idem, ibidem*, p. 326.

tradição imperial do Ocidente latino, quanto nas ambições universalistas do cristianismo.

Esse mapeamento sistemático da América resultava, portanto, da necessidade de inseri-la no interior da experiência acumulada pelo ocidente cristão. Nessa perspectiva, o registro de caráter empírico ganharia espaço cada vez maior a partir do século XVI, ainda que, sem sombra de dúvidas, o maravilhoso permanecesse atuante na composição desses documentos. Jean Delumeau sugere que, entre os textos fundadores do cristianismo, a evocação do jardim do Éden no *Gênesis* inspirou, historicamente, inúmeras visões narrativas.[12] Assim, o tema do paraíso terreal, que fascinou a cristandade durante toda a Idade Média, continuaria a fasciná-la ainda na "Era dos Descobrimentos".

A carta de Américo Vespúcio ecoa nitidamente esse fenômeno. Para o florentino, a proximidade das terras americanas com o paraíso era evidente, uma vez que:

> Ali, todas as árvores são odoríferas e cada uma emite de si goma, óleo ou algum líquido, cujas propriedades, se fossem por nós conhecidas, não duvido que seriam saudáveis aos corpos humanos. Certamente, se o paraíso terrestre estiver em alguma parte da terra, creio não estar longe daquelas regiões, cuja localização, como se disse, é para o meridiano, em tão temperado ar que ali nunca há invernos gelados nem verões férvidos.[13]

---

12 DELUMEAU, Jean. *O que sobrou do paraíso?* Trad. Maria Lúcia Machado. São Paulo: Companhia das Letras, 2003. Consultar principalmente o capítulo 2, "Os textos fundadores".

13 VESPÚCIO, Américo. "Mundus Novus, de Américo Vespúcio (1503)". In: *Brasil 1500...,* p. 319.

Com efeito, a menção literal ao *Paraíso Terrestre* não deixa dúvidas quanto às expectativas do viajante. Ademais, sessenta anos depois o tema seria retomado, desta vez na pena do jesuíta Rui Pereira. O religioso assegura que "não se pode viver senão no Brasil quem quiser viver no paraíso terreal".[14] Contudo, ainda que nem sempre literal, a imagem do Éden foi recorrente nas descrições da natureza americana desde seus primeiros registros. Nessa perspectiva, é Vespúcio quem dá a notícia mais uma vez:

> Essa terra é muito amena e cheia de inúmeras e muito grandes árvores verdes, que nunca perdem as folhas; todas têm odores suavíssimos e aromáticos, produzem muitíssimas frutas e muitas delas saborosas e salutares ao corpo. Os campos produzem muitas ervas, flores e raízes muito suaves e boas. Algumas vezes me maravilhei tanto com os suaves odores das ervas e das flores e com os sabores dessas frutas e raízes, tanto que pensava comigo estar perto do paraíso terrestre: no meio desses alimentos podia acreditar estar próximo dele.[15]

O quadro sugerido por Américo Vespúcio foi estimulado por sua experiência na Terra de Santa Cruz. Contudo, atende ao fascínio que a motivação edênica exercia à época. Com efeito, são inúmeras as referências ao Éden no fragmento retirado de sua carta. É o caso da menção aos perfumes sublimes e à flora, ambos os temas,

---

14 PEREIRA, Rui. "Carta do P. Rui Pereira aos Padres e Irmão de Portugal. [Baía] 15 de setembro de 1560". In: *Cartas dos primeiros jesuítas do Brasil.* Tomo 3. LEITE, Serafim (org.). São Paulo: Comissão do IV centenário da cidade de São Paulo, 1954, p. 296-297.

15 VESPÚCIO, Américo. "Carta de Américo Vespúcio a Lourenço dei Medici (1502)". In: AMADO, Janaína. *Op. cit.*, p. 276-277.

O pão e o vinho da terra   89

fundamentais nas visões narrativas sobre o paraíso. Jean Delumeau ensina que desde muito tempo as representações simbólicas do cristianismo traduziram em termos religiosos as significações que o "paganismo" antigo dera às flores, associando-as às virtudes e à felicidade paradisíaca.[16] Por sua vez, de acordo com Sérgio Buarque de Holanda,

> o verde imutável da folhagem que, impressionando fortemente o europeu na natureza dos trópicos, corresponde, por outro lado, a um traço obrigatório dessas paisagens irreais, já que traduz o sonho paradisíaco da eterna primavera. [17]

Assim, a correlação estabelecida entre a natureza americana e o Jardim do Éden contribuía para a composição de um instrumental cognitivo que facilitava o acesso estrangeiro às terras recém-descobertas. Nas palavras de Laura de Mello e Souza, "associar a fertilidade, a vegetação luxuriante, a amenidade do clima às descrições tradicionais do Paraíso Terrestre tornava mais próxima e familiar para os europeus a terra tão distante e desconhecida".[18] Portanto, no interior desse quadro mental, é certo que a autoridade da Bíblia possuía força na objetivação e, consequentemente, na avaliação das diferenças que então ganhavam forma.

É evidente que, diante de um tema como o dos motivos edênicos no descobrimento e colonização do Brasil, é pouco provável

---

16   DELUMEAU, Jean. *Op. cit.* Sobretudo os capítulos 9, "A vegetação paradisíaca" e 10, "Claridade, cores e perfumes do paraíso".

17   HOLANDA, Sérgio Buarque de. *Visão do paraíso: os motivos edênicos no descobrimento e colonização do Brasil*. São Paulo: Brasiliense/Publifolha, 2000, p. 212.

18   SOUZA, Laura de Mello e. *O diabo e a terra de Santa Cruz: feitiçaria e religiosidade popular no Brasil colonial*. São Paulo: Companhia das Letras, 1986, p. 35.

que algo ainda se possa acrescentar. Todavia, aqui, o intento é sublinhar tão somente o fato de que, ao início do período moderno, tanto o humanismo renascentista quanto a fé nas Escrituras eram a base intelectual do ocidente europeu. Base da qual Keith Thomas apresenta um contraponto pragmático: segundo o historiador, à época, os teólogos consideravam o Jardim do Éden como um paraíso à disposição do gênero humano.[19] Ao menos era isso o que se depreendia do livro de *Gênesis*, no episódio em que Deus, após a criação do homem e da mulher, "os abençoou e lhes disse: 'Sede fecundos, multiplicai-vos, enchei a terra e submetei-a; dominai sobre os peixes do mar, as aves do céu e todos os animais que rastejam sobre a terra'".[20]

Assim, o florescimento da literatura clássica, bem como a crescente importância do papel desempenhado pelo registro a partir da experiência, se entrecruzavam com a fé na constituição do acervo de referências desses cronistas que primeiramente descreveram o mundo natural do continente americano.

Ora, o descobrimento da América apresentou uma série de problemas aos referenciais cognitivos de então. Ao passo que essas referências estimulavam a familiaridade entre as novas terras e os estrangeiros, nota-se também uma nítida apreciação das diferenças. No que tange aos alimentos, essa avaliação foi oportunamente salientada no capítulo anterior, tanto na letra de Mello Câmara, por meio

---

19 Ver THOMAS, Keith. *O homem e o mundo natural...* Sobretudo o capítulo I, "O predomínio humano". Vale notar que este antropocentrismo é uma leitura fundamentalmente cristã. Thomas sustenta que "a influência grega e estoica distorceu o legado judaico, de modo a tornar a religião do Novo Testamento muito mais antropocêntrica que a do Antigo; e que o cristianismo ensina, numa escala jamais encontrada no judaísmo, que o mundo todo se subordina aos objetivos do homem" (THOMAS, Keith. *Op. cit.,* p. 30).

20 Gn 1, 28.

de sua inflexível opinião em relação aos mantimentos da terra, quanto a partir do sentimento de repugnância que alguns gêneros consumidos pelos autóctones americanos despertavam nos adventícios.

Não obstante, os inúmeros relatos escritos a respeito da natureza americana no decorrer do século XVI comportam algumas atribuições aos gêneros alimentares que contribuem para o delineamento do perfil qualitativo dos *mantimentos da terra*. Em carta ao padre Inácio de Loyola, o irmão José de Anchieta descreve as qualidades dos gêneros que dispunha em São Paulo de Piratininga:

> Não podemos portanto deixar de admirar muito a grandíssima bondade de Deus conosco, que nos conserva perfeitamente a saúde do corpo, carecendo nós por completo de todos os mimos, sendo o alimento indispensável muito insípido e de pouca substância e não nos deixando a terra viver em delícias.[21]

Se, por um lado, a pena do jesuíta insinua a carência da Vila, por outro, é latente o instrumento retórico que enfatiza sua pobreza nas novas terras no intuito de exaltar a frugalidade de seu modo de vida. E isto não pode ser negado, uma vez que em um plano ideológico, a opção do homem da Igreja se define pela humildade e negação do mundo. Com isso, a menção ao alimento insípido, de pouca substância e que não deixa os jesuítas viverem em delícias, reproduz o ideal das práticas ascéticas sublimadas por meio do jejum e da abstinência.

Ainda no que se refere à qualidade dos *mantimentos da terra*, de Porto Seguro, o padre Ambrósio Pires escreveu que, "tirando a

---

21 ANCHIETA, José de. "Carta do Ir. José de Anchieta ao P. Inácio de Loyola, Roma. São Paulo de Piratininga [1 de setembro de] 1554". In: *Cartas dos primeiros jesuítas do Brasil*. Tomo 2. LEITE, Serafim (org.). São Paulo: Comissão do IV centenário da cidade de São Paulo, 1954, p. 112-113.

farinha de pau, que é boa, a terra é muito necessitada de carne e peixe e das coisas necessárias para uma enfermidade".[22] Por sua vez, relataria o padre Luís da Grã poucos meses depois: "os mantimentos próprios da terra, ainda que úmidos quase todos são em abundância".[23]

Entretanto, nem sempre a desqualificação dos gêneros naturais da América remete à exaltação de um modo de vida frugal, pautado pelo ideal de pobreza e humildade. De acordo com Sheila Moura Hue e Ronaldo Menegaz, Pero de Magalhães Gândavo, na primeira versão de seu livro sobre o Brasil, o *Tratado da província do Brasil*, anotou que "a terra em si é lassa e desleixada, acham-se nela homens pela primeira algum tanto fracos e minguados das forças que possuem cá neste Reino por respeito da quentura e dos mantimentos que nela usam".[24]

Com efeito, Gândavo não era um autor religioso, mas sim um humanista, "adepto da história pautada na observação, na experiência, no vivido".[25] Sua preocupação estava fundamentada no compromisso de se aproximar da veracidade a respeito da Provícia de Santa Cruz, no intento de "atrair colonos e demonstrar que ali é possível levar uma vida próspera e confortável".[26] Nesse sentido, fica evidente a perspectiva utilitarista de que está impregnada a ótica do autor e, portanto, o real descrédito que os gêneros gozavam.

Nos primórdios da Época Moderna a concepção de que o mundo existia unicamente em benefício do homem era comum. Daí a

---

22 PIRES, Ambrósio. "Carta do P. Ambrósio Pires ao P. Diego Mirón, Lisboa, Baía 6 de junho de 1555". In: *Cartas...*, p. 232.

23 GRÃ, Luís. "Carta do P. Luís da Grã ao P. Inácio de Loyola, Roma. Baía 27 de dezembro de 1554". In: *Cartas...*, p. 130-131.

24 GÂNDAVO, Pero de Magalhães. *A primeira história do Brasil...*, p. 50, nota 3.

25 HUE, Sheila Moura. "Introdução". In: GÂNDAVO, Pero de Magalhães. *Op. cit.*, p. 17.

26 *Idem, ibidem*, p. 23.

O pão e o vinho da terra   93

necessidade de identificar a utilidade e as virtudes do mundo vegetal. Os estudos de história natural – e, mais tarde, da própria botânica – advêm dessa exigência prática. Uma vez que o homem fora banido do Éden, e com isso deixara de exercer seu domínio inconteste sobre todas as coisas vivas, seria por meio do conhecimento científico que o gênero humano viria a recuperar tal primazia. Keith Thomas menciona que "para Bacon, o fim da ciência era devolver ao homem o domínio sobre a criação que ele perdera em parte com o pecado original".[27]

Desse modo, se por um lado o ideal de pobreza intermediava a elaboração de parte dos registros da natureza americana, por outro eram portadores de um caráter prático, em vista da necessidade de catalogar a qualidade dos gêneros que ali frutificavam. Nessa chave de leitura, algumas observações tecidas a respeito dos mantimentos da terra ganham maior nitidez. Tal como a que foi feita pelo padre Fernão Cardim acerca do colégio da Bahia, onde "nunca falta um copinho de vinho, sem o qual se não sustenta bem a natureza por a terra ser desleixada e os mantimentos fracos".[28] Assim, "enquanto observadores e sujeitos, os jesuítas elaboraram a composição do mundo natural brasileiro, dando a conhecer a cultura alimentar da Terra de Santa Cruz".[29]

Uma vez que o europeu cristão do século XVI compreendia a si mesmo como um agente transformador da natureza amparado por Deus, a tarefa de enquadrar o Novo Mundo no âmbito da experiência europeia surgia como o reconhecimento de seu potencial exploratório e de criar, para si, um amplo espaço de movimentação. Advém daí o problema do reconhecimento, tal como sugere

---

27   THOMAS, Keith. *Op. cit.,* p. 32.

28   CARDIM, Fernão. *Tratados da terra e gente do Brasil...,* p. 145.

29   ASSUNÇÃO, Paulo de. *A terra dos Brasis: a natureza da América portuguesa vista pelos primeiros jesuítas (1549-1596).* São Paulo: Annablume, 2000, p. 183.

Anthony Pagden, uma vez que os observadores europeus presentes na América não dispunham de um léxico adequado para descrevê--la. Nomear, descrever e classificar novos vegetais e animais a partir de um vocabulário concebido para mediar uma outra realidade incorre na possibilidade de atribuir a esta flora e a esta fauna características que não possuem.[30] É assim, portanto, que se dá a primeira interferência cultural e transformadora na natureza americana: por meio da descrição. As relações humanas com o meio produzem o espaço em sua dimensão cultural.

Massimo Montanari aborda a questão da necessidade de reconhecer e classificar os alimentos que se seguiu ao período das viagens oceânicas e dos Descobrimentos. Diz o autor:

> Frente a realidades efetivamente diversas, de plantas e animais desconhecidos, e alimentos inusitados, os exploradores e conquistadores europeus manifestam ao mesmo tempo desconfiança e curiosidade. Custa-lhes, porém, enquadrar, 'classificar' teoricamente as novas experiências para a própria língua, transportá-las para o âmbito da própria cultura.[31]

Daí esse verdadeiro exercício intelectual presente nos registros de alguns observadores. Para Gabriel Soares, por exemplo, a anta, chamada *tapiruçu*, "têm as unhas fendidas como vaca [...] e têm o focinho como mula [...] comem frutas silvestres e ervas [...] A carne é muito gostosa, como a de vaca [...] e quer-se bem cozida, porque é dura; e tem o cacho como maçã do peito da vaca";[32] retrato seme-

---

30 PAGDEN, Anthony. *La caída Del hombre natural...* Ver o capítulo I, "El problema del reconocimiento".

31 MONTANARI, Massimo. *A fome e a abundância... Op. cit.,* p. 128.

32 SOUSA, Gabriel Soares de. *Tratado descritivo do Brasil em 1587...,* p. 243-244.

O pão e o vinho da terra   95

lhante também pode ser observado na descrição das cutias, as quais "são uns bichos tamanhos como coelhos grandes [...] têm os pés e as mãos como coelhos, as unhas como cão [...] Mantêm-se de frutas [...] fazem-se tão domésticas como coelhos [...] cuja carne não se esfola, mas pelam-nas, como leitão; cozida e assada é muito boa".[33]

Se a carne da anta pode ser gostosa como a de vaca e, por sua vez, a da cutia deve ser pelada como a do leitão, é porque a referência aos animais comestíveis europeus é inevitável. E nesse sentido a dimensão terminológica encontra seu contraponto pragmático, uma vez que a aceitação dessa nova realidade se impunha como necessária.

Entretanto, são notáveis também alguns elementos que regulavam os costumes alimentares adventícios: Keith Thomas menciona que entre os ingleses do início da Época Moderna, a comestibilidade de um animal dependia de sua dieta. E acrescenta que os vegetarianos eram os preferidos para o abate.[34] Por sua vez, o relato de Soares de Sousa sugere que esse critério não era unicamente inglês: tanto para a anta, quanto para a cutia, o autor lusitano menciona os respectivos regimes alimentares: o primeiro come "frutas silvestres e ervas" e o segundo, frutas.

Além disso, é possível perceber, ainda, um outro elemento que autoriza o consumo de um animal como a *anta*, sobretudo ao passo que o tratadista luso anota possuir, este animal, "unhas fendidas como vaca". Todavia, esse fundamento remete à tradição hebraica, presente no pentateuco. Precisamente, no *Levítico*. Ora, esse livro possui um caráter exclusivamente legislativo para os judeus. E é nele que Deus apresenta, a Moisés e a Aarão, quais animais poderiam ser consumidos como alimento pelos israelitas. A saber, "Todo animal que tem o casco fendido, partido em duas

---

33   *Idem. Op. cit.,* p. 252.

34   Ver THOMAS, Keith. *Op. cit.,* p. 64.

unhas, e que rumina, podereis comê-lo".[35] Jean Soler, debruçado sobre a questão dos tabus alimentares entre os hebraicos, afirma que "acima de tudo, é a proibição de consumir algumas carnes que caracteriza as leis de Moisés".[36] Com isso, no judaísmo, as noções de pureza e impureza eram regidas principalmente por interditos alimentares. O respeito às Leis Mosaicas residia na observância da lógica desses tabus. Portanto, as regras alimentares estavam profundamente relacionadas aos termos por meio dos quais se deu a aliança entre Deus e seu povo.

Com efeito, ainda que os primeiros cristãos tenham assumido como fonte de revelação as escrituras hebraicas, foi pontualmente a partir da mensagem de Jesus de Nazaré que a comunidade cristã distinguiu seu novo pacto firmado com Deus. Desse modo, o cristianismo passou a fundamentar seus princípios nos evangelhos anunciados por Jesus e não mais na observação da Lei Mosaica.[37]

Pois bem, o abandono da Lei instituiu uma significativa diferença entre os fundamentos do cristianismo e do judaísmo. "Com relação à exigência do ritual alimentício hebraico, a religião cristã marca suas distâncias e volta a dar aos modos de subsistência uma flexibilidade e uma liberdade novas",[38] sugere Noëlle Châtelet. Enfim, ao orientar-se pelo evangelho, a comunidade cristã entenderia como superadas as leis de pureza respeitadas pelos hebraicos, sobretudo à medida que, em seu ensinamento sobre o puro e o

---

35 Lv 11, 3.

36 SOLER, Jean. "As razões da Bíblia: regras alimentares hebraicas". In: FLANDRIN, Jean-Louis e MONTANARI, Massimo. *História da alimentação...*, p. 81.

37 FILORAMO, Giovanni. *Monoteísmos e dualismos* Essencialmente o capítulo III, "Cristianismo".

38 CHÂTELET, Noëlle. *La aventura de comer.* Trad. Isabel Izquierdo. Madrid: Ediciones Júcar, 1985, p. 17.

impuro, Jesus teria afirmado; "Nada há no exterior do homem que, penetrando nele, o possa tornar impuro; mas o que sai do homem, isso é o que o torna impuro".[39] Desse modo, anunciava-se a pureza de todos os alimentos e constituía-se uma perspectiva autêntica de leitura da Bíblia.

Com isso, ao passo que, por um lado, a necessidade impunha a aceitação de uma nova realidade, por outro, os fundamentos alimentares do cristianismo também contribuíam significativamente para a assimilação de realidades tão adversas. Se o mundo animal pôde ser transportado para o quadro de referências culturais do cristão europeu do século XVI, o mesmo se daria com o mundo vegetal. Donde os cajueiros serem "como figueiras grandes",[40] "cujas folhas são da feição da cidreira"[41] e a "flor [...] como a do sabugueiro".[42] Ou os mamões, "da feição e cor de grandes pêros camoneses".[43]

Com efeito, o europeu cristão do século XVI que se encontrava no continente americano não dispunha de instrumentos intelectuais adequados para decodificar a diversidade desse novo mundo. Assim, a tarefa de conhecer se impunha tanto pela necessidade prática de se familiarizar com os recursos ali disponíveis, quanto pela conveniência de alinhar esse novo mundo à tradição intelectual baseada, simultaneamente, no humanismo e na fé.

Essa relação que se instaurava era mediada pelo estabelecimento de correlações sucessivas entre o Novo Mundo e o Velho Mundo. Estas correlações eram pautadas em um acervo de referências que incluíam o novo mundo no âmbito da experiência da Europa cristã.

---

39   Mc 7, 15.

40   SOUSA, Gabriel Soares de. *Op. cit.*, p. 186.

41   *Idem, ibidem.*

42   *Idem, ibidem*, p. 187.

43   *Idem, ibidem*, p. 189.

Criava-se, portanto, uma relação de horizontalidade onde a homologia desempenhava um eficiente papel na criação de equidades. Ora, na história das sociedades humanas, o mundo natural sempre foi utilizado como fonte de alimentação. No âmbito da cultura, a importância dos alimentos de base pode superar seu valor nutricional e, desse modo, alçá-lo a uma dimensão ideológica. Com isso, a alimentação é, sem dúvida, um ato "impregnado de cultura e simbolismo".[44] Assim, o estabelecimento de equivalências não deixaria de atingir essa categoria de alimentos e, portanto, esse processo lançaria mão de alguns equivalentes também no plano simbólico.

O pão e o vinho da terra

Tal como foi apresentado, a instauração de equidades entre os recursos naturais americanos e suas referências culturais auxilia a presença do europeu na América. Contudo, essa dinâmica suscita um horizonte de atuação ideológica, sobretudo à medida que é possível estabelecer uma íntima conexão entre a comida cotidiana, principalmente os alimento de base, e a religiosidade: Giovanni Haussmann sugere que as sociedades agrícolas revestem as atividades relacionadas ao cultivo de alimentos de um aspecto sagrado,[45] daí a existência de alimentos que inspiram profunda veneração. Com efeito, embora "carnívora" – tal como sugeriu, oportunamente Fernand Braudel[46] –, é preciso notar que as sociedades europeias do século XVI possuíam forte viés agrícola – uma vez que a base alimentar da imensa maioria de sua população era constituida

---

44 VALERI, Renée. "Alimentação". In: *Enciclopédia Einaudi,* vol. 16. Homo-Domesticação/Cultura material. Imprensa Nacional/Casa da Moeda, 1989, p. 192.

45 HAUSSMANN, Giovanni. "Cultivo". In: *Enciclopédia Einaudi...* ver p. 103 e 104.

46 Ver no capítulo anterior, p. 78.

fundamentalmente por vegetais – e, diante disso, alguns alimentos eram investidos de intenso significado religioso.

Assim, a transposição dos gêneros americanos para o universo cultural europeu deparou-se com a necessidade de alçar algum gênero ao mesmo nível de alimentos como o pão e o vinho, produtos sacralizados pela religião cristã. No entanto, essa operação haveria de se processar dentro de alguns limites: por um lado estes gêneros não poderiam ser totalmente substituídos, notavelmente em ocasiões como a missa. Por outro, o significado social inerente ao preparo dos alimentos deveria reiterar a superioridade cultural europeia. Tal processo revelaria, simultaneamente, a aptidão do cristianismo a dar uma dimensão humana à alteridade, bem como a convicção exacerbada de sua dignidade moral. Nesse quadro a mandioca seria equiparada ao pão ou ao vinho em função de sua utilização.

Oportunamente já foi mencionada a importância da religião na formação do europeu do século XVI. No que tange à alimentação, dentre todos os gêneros conhecidos na Europa cristã da época, era em torno do pão que se desenvolvia parte significativa de importantes parábolas cristãs.[47] Nesse sentido, são significativas as palavras de Jesus: "Eu sou o pão da vida".[48] Porém, toda força que há no ima-

---

47 "Tomando os cinco pães e os dois peixes elevou ele os olho ao céu, abençoou, partiu os pães e deu-os aos discípulos para que lhos distribuíssem. E repartiu também os dois peixes entre todos. Todos comeram e ficaram saciados. E os que comeram dos pães eram cinco mil homens" (Mc 6, 41-44) ou "Certo sábado, ao passarem pelas plantações, seus discípulos arrancavam espigas e as comiam, debulhando-as com as mãos. Alguns fariseus disseram: 'Por que fazeis o que não é permitido em dia de sábado?' Jesus respondeu-lhes: 'Não lestes o que fez Davi, ele e seus companheiros, quando tiveram fome? Entrou na casa de Deus, tomou os pães da proposição, comeu deles e deu também aos companheiros – esses pães que só aos sacerdotes é permitido comer'." (Lc 6, 1-5).

48 Jo 6, 35.

ginário do pão no interior do cristianismo advém, principalmente, da instituição da eucaristia, por meio do fenômeno da transubstanciação: "Enquanto comiam, ele tomou um pão, abençoou, partiu-o e lhes deu, dizendo: 'Tomai, isto é o meu corpo'".[49] Com isso, o pão se constituiu como um alimento sagrado de grande importância entre os cristãos.[50]

Note-se que desde a Idade Média a fome era endêmica na Europa. Ligado a um sistema alimentar de caráter "agro-silvo--pastoril", o regime alimentar da maioria da população europeia era invariavelmente baseado em alimentos vegetais. Embora esses camponeses tenham tido "uma alimentação mais equilibrada do que em outras épocas, passadas ou futuras",[51] tanto a escassez dos produtos das florestas, quanto a escassez dos produtos agrícolas eram percebidas com a mesma intensidade. Segundo Massimo Montanari, foi a partir do século XI que o pão assumiu, paulatinamente, um papel decisivo na alimentação da população europeia.[52] Por essa época, "o produto dos campos torna-se, por antonomásia, a 'colheita do pão'".[53] Com isso, a palavra "pão" passava a ocultar muitos outros alimentos obtidos a partir do trabalho no campo e, desse modo, a falta de "pão" significava fome e carestia.

Pautado em uma linguagem associada ao pão, o cristianismo inspirou a abundância para uma população cuja maior parte vivia atrelada ao trabalho na terra. Diante disso, a vida de um cristão era compreendida, acima de tudo, como uma vida abençoada, cuja

---

49   Mc 14, 22.

50   Ver CHÂTELET, Noëlle. *Op. cit.* Sobretudo o Capítulo I, "Los comedores de harina".

51   MONTANARI, Massimo. "Estruturas de produção e sistemas alimentares". In: FLANDRIN, Jean-Louis e MONTANARI, Massimo. *Op. cit.,* p. 283.

52   MONTANARI, Massimo. *A fome e a abundância...* Ver p. 66.

53   *Idem. Op. cit.,* p. 66.

O pão e o vinho da terra   101

maior benção era a distância da escassez. Daí o pecado aparecer constantemente como a fonte da miséria humana. Afinal, como sugeriria oportunamente o abade Raynal quase trezentos anos depois: "a miséria é a mãe dos delitos".[54]

No caso da presença lusa na América, Sérgio Buarque de Holanda notou que, mesmo em situações onde os gêneros nativos parecessem estranhos ao tradicional modelo alimentar europeu, "onde lhes faltasse o pão de trigo, aprendiam a comer o da terra".[55] Asserção semelhante pode ser encontrada na pena de outros estudiosos que se debruçaram sobre o tema da alimentação no decorrer dos primeiros anos da Colônia. A ideia de que a farinha de mandioca foi incorporada como o principal gênero da terra, em substituição direta ao trigo, é bastante difundida. Gilberto Freyre afirma que "a farinha de mandioca adotaram-na os colonos em lugar do pão de trigo".[56] Por sua vez, ao discorrer sobre a mandioca, Luis da Camara Cascudo sustenta que o tubérculo é o "pão da terra em sua legitimidade funcional".[57]

Ora, uma vez que no âmbito do cristianismo o pão incorporou o atributo de alimento por excelência, o aparecimento do pão da terra foi quase uma necessidade. Principalmente à medida que a tentativa do europeu reconstituir na América seus antigos meios de vida era precedida pela transposição do mundo natural americano para seu quadro de referências culturais. Entretanto, vale notar

---

54   RAYNAL, Abade de. In: *Storia filosófica e política degli stabilimenti, e Del commercio degli Europei nelle due Indie...*, vol IX, p. 30. *Apud* CAMPORESI, Piero. *O pão selvagem...*, p. 56.

55   HOLANDA, Sérgio Buarque de. *Raízes do Brasil*. São Paulo: Companhia das Letras, 1995, p. 47.

56   FREYRE, Gilberto. *Casa-grande & senzala:* formação da família brasileira sob o regime da economia patriarcal. Rio de Janeiro: José Olympio, 1978, p. 121.

57   CASCUDO, Luis da Camara. *História da alimentação no Brasil...*, p. 103.

que a denominação de pão da terra para um gênero nativo não se limita a um dado histórico objetivo, mas, antes, deve ser concebido como um produto historicamente localizado. Impõe-se, portanto, a necessidade de observar esse fenômeno como resultante de um contexto social e histórico, cujas consequências foram vivenciadas no âmbito de uma peculiar situação de contato entre diferentes grupos sociais.

Entre os primeiros observadores que descreveram a América, a demanda pelo pão foi constante. Ao referir-se aos gêneros alimentares consumidos entre as populações autóctones em sua "Relação", o Piloto Anônimo mencionou uma raiz, "que é o pão deles".[58] Tal como foi apontado no capítulo anterior, Manuel da Nóbrega também relatou a existência de um pão elaborado a partir da mescla do milho com a farinha de mandioca, que dispensaria o de trigo.

Para José de Anchieta, uma vez elaborada corretamente, a farinha de mandioca era um gênero que substituía satisfatoriamente o trigo. Nota o religioso que:

> o principal alimento desta terra é farinha de pau, que se faz de certas raízes que se plantam, e chamam mandioca, as quais – quando comidas cruas, assadas ou cozidas – matam. É necessário deitá-las na água até apodrecerem; apodrecidas, desfazem-se em farinha, que se come, depois de torrada em vasos de barro bastante grandes. Isto substituiu entre nós o trigo.[59]

De acordo com John W. O'Malley, as *Constituições* dos jesuítas, bem como outros documentos, prescreviam a adaptação à situação

---

58   ANÔNIMO. "Relação do Português Anônimo (1500)". In: *Brasil 1500...*, p. 135.

59   ANCHIETA, José de. "Carta do Ir. José de Anchieta ao P. Inácio de Loyola, Roma. São Paulo de Piratininga [1 de setembro de] 1554". In: *op. cit.*, p. 112.

do lugar onde se estivesse como regra geral. Em relação à alimentação, o autor assegura que "os jesuítas deveriam seguir o costume local".[60] Contudo, essa adaptação era limitada: a utilização de algum gênero em substituição ao trigo na confecção de hóstias para comunhão era proibida. E seria inclusive motivo de denúncia ao Santo Ofício em 1593, quando Gaspar Coelho teria sugerido a utilização de tapioca para comunhão em Pernambuco.[61]

Entretanto, assim como a adaptação prescrita pelas *Constituições* jesuítas, havia também uma outra dimensão atuante nesse fenômeno. É o que se percebe nas palavras escritas pelo padre jesuíta Rui Pereira que, não se limitando a compartilhar a opinião de Anchieta, acolhe os gêneros da terra com incomparável entusiasmo. O jesuíta julga-se até *milhor* consumindo as *agoas* que há na terra que o vinho trazido de Portugal. Em relação ao pão, assegura que mesmo "se tem pão, quá o tive eu por vezes e fresco, e comia antes do mantimento da terra que delle; e está claro ser mais sam a farinha da terra que o pão de lá".[62]

É preciso notar que a morosidade dos meios de transporte e a ineficiência das técnicas de acondicionamento e conservação de alimentos comprometiam a qualidade dos gêneros importados. Daí ser mais sã a farinha da terra que o pão do reino. Nesse sentido, a opinião do padre Rui Pereira encontra eco nas palavras de Gabriel Soares, para quem o mantimento elaborado a partir da

---

60   O'MALLEY, John W. *Os primeiros jesuítas*. Trad. Domingos Armando Donida. São Leopoldo/Bauru: Unisinos/Edusc, 2004, p. 524.

61   "Gaspar Manoel contra Gaspar Coelho". In: *Primeira visitação do Santo Officio ás partes do Brasil pelo licenciado Heitor Furtado de Mendonça*. Denunciações de Pernambuco, 1593-1595. São Paulo: Homenagem de Paulo Prado: 1929, p. 79-80.

62   PEREIRA, Rui. "Carta do P. Rui Pereira aos Padres e Irmão de Portugal...". In: *Cartas...*, p. 296 e 297.

mandioca, "é o melhor que se sabe, tirado o do bom trigo, porque pão de trigo-do-mar, de milho, de centeio, de cevada, não presta".[63] A designação *pão de trigo-do-mar* remete ao pão feito a partir do trigo importado, que atravessava o Atlântico para ser consumido na América. Evidentemente, esse trigo não resistia à jornada. É por isso, por exemplo, que os governadores Tomé de Sousa, D. Duarte e Mem de Sá não comiam pão de trigo no Brasil, tal como relatou o tratadista.[64] Oportunamente, Evaldo Cabral de Mello observou esse fenômeno. Segundo o historiador,

> A mudança que se processará nos hábitos dietéticos do português colonizador do Brasil ou do português colonizador de outras áreas tropicais (como o Cabo Verde, cuja colonização será mesmo freada pela escassez crônica de trigo), é menos o resultado de uma capacidade especial de amoldação do que da impossibilidade de obter um suprimento regular e abundante de trigo e outros víveres de origem européia.[65]

Além da notada impossibilidade de obter um suprimento regular e abundante, é possível acrescentar, também, a deterioração que sofriam os gêneros no processo de importação, tal como se pode inferir dos registros de Rui Pereira e Gabriel Soares. De todo modo, o que se percebe é a existência de uma atuante dimensão técnica na opção pelo gênero da terra.

---

63 SOUSA, Gabriel Soares de. *Op. cit.*, p. 179.

64 *Idem, ibidem.*

65 MELLO, Evaldo Cabral de. *Olinda restaurada: guerra e açúcar no Nordeste, 1630-1654.* Rio de Janeiro/São Paulo: Forense-Universitária/Edusp, 1975, p. 191-192.

Por outro lado, além da técnica, há também um aspecto biológico que sem dúvida contribuiu para a assimilação do tubérculo no
decorrer do século XVI. Por ser uma planta nativa da América do
Sul, a mandioca alcança bom desenvolvimento mesmo diante da
umidade e do calor. Além disso, sua produtividade é bastante ren-
tável em solos pouco férteis. Por fim, há também certa versatilidade
desse tubérculo em relação a adversidades climáticas, uma vez que
resiste tanto às secas, quanto às tempestades.[66]

Todavia, mesmo que o limite técnico ou o próprio meio tenham colocado como necessária a opção por algum gênero nativo, como foi o caso da mandioca, denominá-lo como pão desloca
o problema para uma outra esfera. Emblemática nesse sentido é
a narrativa de Damião de Góis. Em sua *Crônica do felicíssimo Rei
D. Manuel*, ao descrever os naturais da América nota que comem
"pão feito de umas raízes brancas, tamanhas como cenouras, a que
chamam mandioca [...] de que fazem um pão tão saboroso que os
nossos portugueses o comem com a melhor vontade que pão de
muito bom trigo".[67]

No intuito de projetar em seu quadro de referências os gêneros
disponíveis no Novo Mundo, a descrição recorre, simultaneamente, aos dois instrumentos até aqui apontados para a homologação
das diferenças. A peculiaridade é que seu objeto é a raiz da mandioca: por um lado, equipara a mandioca e a cenoura no tamanho –
comparação semelhante à feita por Soares de Sousa entre os cajueiros e as figueiras, ou mesmo entre os mamões e os pêros camoneses;
por outro, antes de estabelecer essa analogia, encontra no produto obtido a partir da mandioca um alimento por excelência. Ora,
ao passo que as preferências alimentares se encontram atreladas a

---

66 Ver KARASCH, Mary. "Manioc". In: KIPLE, Kenneth F. e ORNELAS,
    Kriemhild Coneè. *Op. cit.*

67 GÓIS, Damião de. "Crônica do felicíssimo...". In: *op. cit.*, p. 477.

códigos culturais, a exigência de uma escolha alimentar, frente a um repertório de gêneros bastante distintos daqueles tradicionais e conhecidos, enfim, a eleição ou a recusa deste ou daquele gênero encontra-se profundamente vinculada à produção de códigos que nivelem essas diferenças.

Nessa perspectiva, é característica a descrição que José de Acosta faz das plantas e do principal gênero existente nas Índias Ocidentais. Na pena desse jesuíta, o sistema de homologias alcança incomparável refinamento:

> Chegando às plantas, trataremos das que são mais típicas das Índias, e depois das que são comuns àquela terra e a esta de Europa. E porque as plantas foram criadas principalmente para servir de mantimento ao homem, e o principal de que se sustenta é o pão, é importante dizer qual é o pão das Índias e que coisa usam em lugar de pão. O nome pão lá também é usado com a propriedade de sua língua, que no Peru chamam tanta, e em outras partes de outras maneiras. Mas a qualidade e substância do pão que os índios tinham e usavam é coisa muito diversa do nosso, porque não possuíam nenhum gênero de trigo conhecido, nem cevada, nem painço, nem pânico, nem os outros grãos utilizados para pão na Europa. No lugar disso usavam outros gêneros de grãos e de raízes; entre todos, tem principal lugar, e com razão, o grão de milho, que em Castela chamam trigo das Indias e na Italia grão da Turquía. Assim como nas partes do orbe antigo, que são Europa, Asia e África, o grão mais comum aos homens é o trigo, nas partes do novo orbe tem sido o grão de milho, e foi encontrado em quase todos

os reinos das Índias ocidentais, no Peru, na Nueva
Espanha, no Novo Reino, na Guatemala, no Chile,
em toda Terra Firme. Das ilhas de Barlavento, que
são Cuba, Espanhola, Jamaica, São João, não sei
que se era usado antigamente o milho; hoje em dia
usam mais mandioca e cazabi [...] Enfim, repartiu o
Criador a todas partes seu governo; a este orbe deu o
trigo, que é o principal sustento dos homens; àquele
das Indias deu o milho, que, depois do trigo, tem o
segundo lugar, para sustento de homens e animais.[68]

Ao tratar *do pão da Índia e do milho*, Acosta revela noções que
excedem sua perspectiva individual, ou mesmo qualquer vínculo à
especificidade da América espanhola. É possível estender seu texto
para além dos limites geográficos em que foi produzido, uma vez
que ecoa não apenas a sua experiência mas também a de sua época.
É o caso do aspecto utilitário da natureza. Tema sobre o qual o jesuíta é eloquente ao enfatizar que as plantas teriam sido concebidas
para a manutenção da espécie humana. É que José de Acosta com-
partilha o mesmo lugar epistemológico de outros cronistas, tais
como Gândavo ou Anchieta.

Com efeito, ainda que o jesuíta compartilhe desse lugar epistemológico, o eixo de sua narrativa é incomparavelmente mais generoso em elementos que permitem acessá-lo. Acosta sugere que a
disposição do meio em atender às necessidades humanas vale também para a América. Diante dessa constatação, evoca a importância de se verificar qual o gênero ali disponível que melhor satisfaz
essa demanda. Em síntese, qual é o pão das Índias. Sua resposta é
pontual: o grão de milho. Dito isso, lança mão de uma reveladora
analogia; "assim como nas partes do orbe antigo, que são Europa,

---

68 ACOSTA, José de. *Op. cit.,* p. 265 e 267.

Asia e África, o grão mais comum aos homens é o trigo, nas partes do novo orbe tem sido o grão de milho".[69] Ou seja, o grão de milho no *novo orbe* está para o grão de trigo no *orbe antigo*. Até aqui, não há uma substancial novidade. Entretanto, se a relação entre homem e natureza apresenta-se na América na mesma proporção que em outros lugares é porque em nenhum momento o autor coloca em dúvida a existência de uma humanidade americana. Portanto, a concepção de Acosta refuta a existência de uma alteridade terrena, ao menos a existência de uma alteridade em termos absolutos: se na Europa a "hierarquia dos pães"[70] sancionava uma fronteira social, na América, a existência de uma variável possível desse gênero implicava a admissão daqueles que o comiam, se não ao topo da sociedade, ao menos ao grupo dos "comedores de pão".

Isso é ainda mais revelador quando inserido no âmbito do quadro de referências compartilhado por Acosta. Como já foi

---

69 *Idem, ibidem.*

70 Sobre a "hierarquia dos pães", Fernand Braudel nota uma significativa diferença social entre aqueles que comiam o pão branco, o pão preto e outras modalidades de pão: "uma boa metade das populações rurais se alimentava de cereais não panificáveis e de centeio e as misturas dos pobres ficavam com muito farelo. O pão de trigo e o pão branco, o pão mole [...] foram durante muito tempo um luxo" (BRAUDEL, Fernand. *Civilização material, economia e capitalismo, séculos XV-XVIII. As estruturas do cotidiano...*, p. 110-111). Para Evaldo Cabral de Mello o dualismo do pão branco e do pão preto se reproduziu no primeiro século da colonização do Brasil, entretanto, "os cereais de segunda no Reino viram-se simplesmente substituídos pela farinha de mandioca" (MELLO, Evaldo Cabral de. *Um imenso Portugal: história e historiografia.* São Paulo: Editora 34, 2002, p. 98). Vale assinalar o argumento de Bartolomé de Las Casas a respeito da impropriedade de um cereal como o centeio para a transubstanciação no decorrer do culto divino: "não é comida para homens, mas sim, para animais" (LAS CASAS, Bartolomé de. *Apologética historia sumaria* (1551). Editado por Edmundo O'Gorman. México, 1967. *Apud.* PAGDEN, Anthony. *Op. cit.*, p. 129).

apontado, segundo Edmundo O'Gorman, até o século XVI não se admitia a existência de algum local em todo o globo que fosse comparável ao *orbis terrarum* – que compreendia todo o mundo então conhecido, a saber, a Europa, a África e a Ásia. Esta convicção pautava-se na necessidade de alinhar um modelo interpretativo herdado da Antiguidade com as Sagradas Escrituras. De acordo com este modelo, a existência de um *orbis alterius* implicava a existência de povos antípodas. Por sua vez, a existência dos antípodas negaria a unicidade do gênero humano enquanto descendentes de Adão e Eva. Além disso, suscitaria a dúvida da propagação efetiva do Evangelho.

Ora, por meio da comparação entre o *novo orbe* e o *orbe antigo*, baseado em sua própria experiência, o jesuíta rebate a ideia da existência dos antípodas sem, contudo, negar a unidade fundamental humana; uma vez que o *noevo orbe* é habitado por homens tal como no *orbe antigo*, são necessariamente filhos de Deus. Nota-se, portanto, a superação de um modelo interpretativo herdado da Antiguidade. Com efeito, se "a consciência da modernidade nasce do sentimento de ruptura com o passado",[71] esse lugar epistemológico onde se encontra Acosta, uma vez que reverbera a experiência coletiva de um contexto específico, assinala a tomada de consciência do homem da Época Moderna em sua relação com a Antiguidade.

Em termos culturais, portanto, a demanda pelo *pão da terra* remete a uma orientação *antropologizante*[72] que se revela pe-

---

71   LE GOFF, Jaques. "Antigo/Moderno". In: *História e memoria*. Trad. Bernardo Leitão... *et al*. Campinas: Editora da Unicamp, 2003, p. 175.

72   Tomo esse termo emprestado de Gilberto Mazzoleni. Segundo o autor, "a Europa pronunciou-se logo pela humanidade do índio. Igualmente dotado de alma [...] ele estava sujeito às mesmas leis humanas do europeu e a ele ligado [...] o pronunciamento pela humanidade do "incivilizado" por parte do mundo "civilizado" encontrou logo o consenso [...] tanto de teólogos

culiar ao europeu ocidental cristão da primeira modernidade, principalmente quando se verifica o caráter quase imperativo de sua difusão entre os cronistas. Nesse sentido, o capítulo dedicado às plantas, mantimentos e frutas escrito por Pero de Magalhães Gândavo reafirma essa posição:

> Primeiramente tratarei da planta e raiz de que os moradores fazem seus mantimentos que lá comem em lugar de pão. A raiz se chama mandioca, e a planta de que se gera é mais ou menos da altura de um homem [...] quando a querem plantar em alguma roça, cortam-na e fazem-na em pedaços, os quais metem debaixo da terra como estacas, e daí tornam a brotar outras plantas de novo [...] Essas raízes [...] depois de criadas [...] logo que as arrancam, põe--nas a curtir em água três ou quatro dias, e depois de curtidas, pisam-nas muito bem. Feito isto, metem aquela massa em algumas mangas compridas e estreitas que fazem de umas vergas delgadas, tecidas à maneira de cesto, e ali a espremem daquele sumo, de maneira que não fique dele nenhuma coisa por esgotar; por que é tão peçonhento e em tanto extremo venenoso [...] E depois de a terem curada dessa

como de especuladores laicos [...] no momento em que tanto o cristianismo como a especulação laica refutam a existência de uma alteridade terrena, o primeiro colocando uma realidade extra-humana positiva no céu e uma negativa sob a terra, e a segunda cada vez mais convencida da possibilidade de "antropologizar" a realidade, nada mais resta senão admitir a humanidade do selvagem e a possibilidade de torná-lo civilizado" (MAZZOLENI, Gilberto. *O Planeta Cultural: para uma Antropologia Histórica*. Trad. Liliana Laganà e Hylio Laganà Fernandes. São Paulo: Edusp/Instituto Italiano di Cultura di San Paolo e Instituto Cultural Ítalo-Brasileiro, 1992, p. 7)

maneira, põem um alguidar sobre o fogo, em que a lançam, a qual uma índia fica mexendo até que o fogo acabe por secar sua umidade e fique enxuta e disposta para se poder comer [...] Este é o mantimento a que chamam farinha de pau, com que os moradores e o gentio desta província se mantêm.[73]

Além da equidade estabelecida entre o pão e a raiz de mandioca, a narrativa de Gândavo dá a conhecer, também, todo o processo através do qual se elaborava a farinha de pau. Isso porque, não obstante a denominação pão da terra se referisse ao tubérculo, era a *farinha* de pau o gênero utilizado como substituto do trigo. Por isso, o pão da terra designava tanto a raiz quanto o produto que dela se elaborava. Além de Gândavo, Hans Staden também descreveu seu plantio:

> Quando querem plantar, derrubam as árvores nos lugares que escolheram para o plantio e deixam-nas secar durante cerca de três meses. Então põem fogo nelas e as queimam. Depois enterram as mudas das plantas de raízes, que usam como pão, entre as cepas das árvores. Essa planta chama-se mandioca. É um arbusto que cresce até uma braça de altura e cria três raízes. Quando querem preparar as raízes, arrancam os arbustos, retiram as raízes e os galhos e enterram novamente pedaços do tronco. Estes, então, geram raízes e crescem em seis meses o necessário para que se possa consumi-los.[74]

---

73 GÂNDAVO, Pero de Magalhães. *Op. cit.*, p. 75-78.

74 STADEN, Hans. *Hans Staden: primeiros registros escritos e ilustrados sobre o Brasil e seus habitantes...*, p. 96.

Ao passo que o plantio da mandioca despertava a atenção dos cronistas, é notável que seu preparo não passava desapercebido. O cuidado com a mandioca crua era necessário, uma vez que o tubérculo era venenoso, tal como notou Gândavo. Por isso, sua ingestão podia ser fatal. A respeito desse fenômeno, Anchieta deixou seu testemunho:

> Quanto a ervas e árvores, não quis deixar de referir que estas raízes, que usamos na alimentação e se chamam mandioca, são venenosas e nocivas por natureza, a não ser que pela indústria humana se preparem para comer. Se se comem cruas, assadas ou cozidas, matam os homens, mas podem-nas comer impunemente os porcos e os bois, excepto o suco que delas sai; que se o comerem logo incham e morrem.[75]

O perigo de contaminação pela água da mandioca foi alvo da legislação na Câmara da vila de Santo André da Borda do Campo no ano de 1556. O costume disseminado entre a população de espremer a raiz em locais impróprios levou as autoridades à designação de multas no valor de dois tostões àqueles que deitassem sua água nos bebedouros públicos. Além disso, o sumo do tubérculo teria causado a morte de *muytos porcos*. Diante disso, ordenou-se que a mandioca passaria a ser espremida em casa e sua água colocada em covas, para que não se fizesse mais prejuízo ao gado.[76]

Com isso, os procedimentos envolvidos desde o cultivo do tubérculo até o beneficiamento das raízes de mandioca surgem,

---

75 ANCHIETA, José de. "Carta ao P. Diego Laynes, Roma, S. Vicente 31 de maio de 1560". In: *Cartas dos primeiros jesuítas do Brasil*. Tomo 3. LEITE, Serafim (org.). São Paulo: Comissão do IV centenário da cidade de São Paulo, 1954. Apêndice 1, p. XV.

76 *Actas da Câmara Municipal da vila de Santo André da Borda do Campo*. São Paulo: Prefeitura Municipal, 1914, p. 62-63.

O pão e o vinho da terra   113

sem dúvidas, como um processo inteligente na perspectiva dos cronistas adventícios. Ou seja, o *pão da terra* não era, unicamente, um produto da natureza americana. Ele envolvia, também, um domínio dessa natureza: a transformação de uma planta venenosa em mantimento. E isso não passou despercebido pelo europeu de século XVI. De acordo com o historiador Felipe Fernández-Armesto, à época elaboraram-se teorias que pudessem explicar o domínio de técnicas tão sofisticadas por parte dos americanos.[77] Inspiradas em mitos, heróis e outras divindades benfazejas, essas teorias denotam não apenas a busca da origem dessa inteligência técnica mas também a surpresa dos cronistas.

A inspiração em heróis e mitos para se explicar alguns atributos técnicos foi, sem dúvida, utilizada. E esta é uma chave de leitura possível para se compreender uma afirmação como a de Bernardino de Sahagún, para quem "a deusa que se chamava Chicomecoatl. É outra deusa Ceres".[78] Sobretudo à medida que "Chicomecoatl era a deusa dos mantimentos, assim do que se come como do que se bebe; devia esta mulher ser a primeira que começou a fazer pão e outros manjares e guisados".[79]

Ora, à medida que *Chicomecoatl* era apresentada como "a deusa dos mantimentos", "a primeira que começou a fazer pão", note-se que na América portuguesa alguns registros também a apontaram para a presença de um herói que teria ensinado aos habitantes nativos o cultivo do pão da terra. E foi na pena de Manuel da Nóbrega que o generoso personagem ganhou espaço:

---

77 FERNÁNDEZ-ARMESTO, Felipe. *The Americas: a hemispheric history*. Nova York: Modern Library Edition, 2003. Consultar p. 27.

78 SAHAGÚN, Bernardino de. *Op. cit.*, p. 33.

79 *Idem, ibidem.*

> Também me contou pessoa fidedigna que com as
> raízes de cá se faz o pão, que S. Tomé as deu, porque
> cá não tinham pão nenhum. E isto se sabe da fama
> que anda daqui perto umas pisadas figuradas em
> uma rocha, que todos dizem serem suas. Quando
> tivermos mais tempo, havemos de ir vê-las.[80]

Sérgio Buarque de Holanda sugere que a presença do mito de
São Tomé em regiões como o Paraguai, o Peru e o Prata, na América,
se expandiu a partir do Brasil. Contudo, não é uma lenda local. O
historiador nota que a presença do apóstolo no Oriente era muito
mais antiga, uma vez que o santo teria sido sepultado em Meliapor,
na Índia. A presença do santo no Brasil Sérgio Buarque argumenta que se deve principalmente à atuação de missionários católicos
entre os nativos. Contudo, sustenta que sua existência também se
apoia em um herói cultural presente no âmbito dos mitos das populações primitivas locais.[81]

Por sua vez, estes mitos locais estariam relacionados a um outro personagem, de nome Zomé, sobre o qual Nóbrega também dá notícias:

> Dizem eles que São Tomé, a quem chamam Zomé,
> passou por aqui. Isto lhes permaneceu como dito de
> seus antepassados. E que suas pegadas estão assina-
> ladas ao final de um rio, as quais eu fui ver para me
> certificar da verdade, e vi com meus próprios olhos
> quatro pisadas muito assinaladas com seus dedos,
> as quais algumas vezes cobre o rio quando enche.

80 NÓBREGA, Manuel da. "Carta do P. Manuel da Nobrega ao P. Simão
    Rdrigues, Lisboa. Baía [15 de abril de] 1549". In: *op. cit.*, p. 117.

81 HOLANDA, Sérgio Buarque de. *Visão do paraíso: os motivos edênicos no des-*
    cobrimento e colonização do Brasil. São Paulo: Brasiliense/Publifolha, 2000.
    Sobretudo o capítulo v, "Um mito luso-brasileiro".

O pão e o vinho da terra   115

Dizem também que quando deixou estas pisadas estava fugindo dos índios que o queriam flechar, e chegando ali o rio se abriu, e passou pelo meio dele sem se molhar à outra parte; e dali foi para a Índia.[82]

Ainda de acordo com Sérgio Buarque, as pisadas mencionadas pelo padre jesuíta também foram noticiadas no Oriente, uma vez que estavam localizadas exatamente no lugar do sepulcro do Santo. Lugar onde chegara a manar uma fonte. Este fenômeno, de acordo com o historiador, também se repetiria no Brasil. Contudo, além dos milagres das pisadas, da fonte e da travessia do rio, o santo possuía ainda outros atributos: era taumaturgo, terapeuta e engenheiro.[83] Não obstante, foi o ensino do plantio e do preparo da mandioca entre os nativos americanos que lhe rendeu maior reputação. Sobre a associação estabelecida entre o apóstolo Tomé e o ente denominado Zomé, Jorge Magasich-Airola e Jean-Marc de Beer sugerem que esse fenômeno instrumentalizou a apropriação deste personagem por parte do cristianismo com a finalidade de facilitar sua penetração no universo tupi-guarani.[84]

Para Alfredo Bosi, o mito de Sumé (ou Zomé) deriva da sensibilidade estrangeira diante de algumas narrativas locais. Segundo o autor, esse fenômeno se caracteriza como um processo através do qual a escolha das passagens onde figuram os heróis civilizadores era motivada pela possibilidade de sua identificação com figuras bíblicas. Desse modo, a presença do herói era identificada com a figura

---

82 NÓBREGA, Manuel da. "Informação das Terras do Brasil ...". In: *op. cit.,* p. 153-154.

83 HOLANDA, Sérgio Buarque de. *Op. cit.*

84 MAGASICH-AIROLA, Jorge e BEER, Jean-Marc de. *América Mágica: quando a Europa da Renascença pensou estar conquistando o Paraíso.* Trad. Regina Vasconcellos. São Paulo: Paz e Terra, 2000. Sobretudo p. 72-77.

de São Tomé. Portanto, segundo Bosi, o que se verifica nesse processo pode ser compreendido como uma "partilha tática no conjunto das expressões simbólicas dos nativos".[85]

Por sua vez, em outra apurada análise do fenômeno, Cristina Pompa sustenta que o mito de São Tomé insere-se no âmbito da necessidade epistêmica dos missionários europeus atribuírem uma religião à diversidade cultural. Segundo a antropóloga, essa atribuição foi uma mediação imperativa, visto que à época o código religioso era componente fundamental para a leitura e interpretação da realidade. Nessa perspectiva, sugere que a percepção da religião indígena deita suas raizes na primeira sistematização teológica do cristianismo, quando o contato com a diversidade cultural "bárbara" da Antiguidade elaborou a ideia do "paganismo" enquanto falsa religião. Desse modo constituíu-se na América a oposição entre o cristianismo como a verdadeira religião e a falsa religião indígena.[86]

Seria, portanto, no âmbito dessa religião antagônica que se abrigariam personagens estigmatizados como falsos profetas e feiticeiros, tais como os pajés ou caraíbas. A credibilidade desses feiticeiros entre os nativos foi notada desde o princípio pelos representantes do cristianismo. Com efeito, denominados como santidades, foram logo identificados como inimigos da catequese.[87]

---

85   BOSI, Alfredo. *Dialética da colonização*. São Paulo: Companhia das Letras, 1992, p. 68.

86   POMPA, Cristina. *Religião como tradução: missionários, Tupi e "Tapuia" no Brasil colonial*. Bauru: Edusc, 2003. Principalmente o capítulo 1, "O encontro e a tradução".

87   POMPA, Cristina. *Op. cit.* Sobre o fenômeno das santidades como produto específico da situação colonial ver VAINFAS, Ronaldo. *A heresia dos índios: catolicismo e rebeldia no Brasil colonial*. São Paulo: Companhia das Letras, 1995. Principalmente o capítulo 2, "Santidades ameríndias".

O pão e o vinho da terra   117

Orientados pela pedagogia jesuítica clássica, que buscava nos elementos da cultura nativa um veículo para a fé católica, a apropriação de algumas características dos caraíbas por parte dos missionário estimulou a sobreposição de horizontes simbólicos, ou seja, propiciou uma

> leitura da alteridade religiosa nos termos que o horizonte simbólico de cada cultura oferece: nesse sentido, a "santidade" para designar os feiticeiros é o oposto especular do termo *caraíba* para indicar os brancos. Da mesma maneira, na situação colonial, o *caraíba* Sumé dos Tupinambá é São Tomé dos missionários. Se o grande *caraíba* mitológico é o grande santo da tradição católica, não há de estranhar que os *caraíbas* contemporâneos sejam "santos".[88]

Entretanto, ainda que o mito de São Tomé possa ser compreendido como produto de uma relação intercultural "negociada", resultante de uma dinâmica contextual na qual os grupos envolvidos atuaram ativamente na produção de símbolos culturais, a presença do santo reforçava a ideia da pregação universal do evangelho, cuja admissão daria suporte à gerra justa, uma vez que os nativos poderiam ser comparados "não a simples gentios, ignorantes da verdade revelada, mas aos apóstatas".[89] Em suma, o mito do santo aponta para um valor moral atribuido ao trabalho dos nativos.

Gentios ou apóstatas, o que se verifica é o caráter fundamentalmente inclusivo por parte dos cristãos na dinâmica das aproximações culturais ocorridas no litoral luso-americano do século XVI – mas também na América em geral. A constatação da inexistência

---

88   POMPA, Cristina. *Op. cit.,* p. 54.

89   HOLANDA, Sérgio Buarque de. *Op. cit.,* p. 156.

118   Rubens Leonardo Panegassi

de uma alteridade absoluta, bem como a hipótese da evangelização mal sucedida, permitiram aos primeiros observadores que registraram essa situação do encontro buscarem símbolos culturais que levassem a efeito alguma homologia em meio às diferenças e ao desconhecido. Tais símbolos, evidentemente exteriores aos nativos, eram projetados no interior de sua cultura e davam origem a um espaço de comunicação intercultural.[90]

Esses símbolos, ao mesmo tempo em que eram notados em função de sua importância local – tal como o herói cultural que ensinou aos nativos americanos as técnicas de preparo do pão da terra – eram vistos, também, como um legado cultural cujo principal legatário era o próprio cristianismo. Dentro dessa perspectiva, é importante notar que uma bebida como o vinho também viria a desempenhar algum papel dentro desse sistema de equivalências que então se delineava. Um sistema, que em última instância, instrumentalizava a assimilação do novo continente, de sua fauna, sua flora e, também, de seus habitantes.

O vinho sempre foi, antes de tudo, um alimento. No entanto, mesmo considerado alimento por suas propriedades nutricionais, o vinho se enquadra em uma categoria especial de alimentos. Tradicionalmente, a bebida consumida na Europa foi elaborada a partir da fermentação de uma espécie de uva chamada *vitis vinifera* e, historicamente, sua utilização se inscreve no âmbito de uma dicotomia

---

90   Nesse sentido, ver o caso da religião no trabalho já citado de Cristina Pompa. É possível consultar também AGNOLIN, Adone. *O apetite da antropologia, o sabor antropofágico do saber antropológico: alteridade e identidade no caso Tupinambá*. São Paulo: Associação Editorial Humanitas, 2005 ("tanto o instrumento conceitual 'religião' quanto o processo de personificação dos seres extra-humanos é o resultado de uma comunicação intercultural: missionários, antes, e etnólogos, depois, projetaram as categorias religiosas ocidentais nas outras culturas", p. 110).

que ora exaltou suas qualidades e ora denunciou seus atributos negativos. Daí sua particularidade enquanto gênero alimentício.[91]

Segundo Louis E. Grivetti, os inúmeros relatos que mencionam as virtudes dietéticas e o papel social desempenhado pela bebida desde o terceiro milênio a. C. oscilam entre suas qualidades e os problemas de seu consumo. Daí a sugestão do autor de que o vinho, por seu histórico, deva ser compreendido como um alimento de duas faces: uma positiva e a outra negativa. Positiva quando consumida com moderação e negativa quando utilizada em excesso.[92]

No âmbito do cristianismo, a importância do vinho se desdobra, também, da instituição da eucaristia. Momento no qual, ao lado do pão, a bebida se fez presente; "Depois, tomou um cálice, rendeu graças, deu a eles, e todos dele beberam. E disse-lhes: 'Isto é o meu sangue, o sangue da aliança que é derramado a favor de muitos".[93] Contudo, diferentemente do pão, o vinho possuía uma dupla conotação que foi incorporada pela cristandade.[94]

---

91 Ver GRIVETTI, Louis E. "Wine: the food with two faces". In: MC GOVERN, E. Patrick; FLEMING, Stuart J.; KATZ, Salomon H. *The origins and ancient history of wine*. Pennsylvania: Gordon and Breach Publishers, 2000.

92 GRIVETTI, Louis E. *Op. cit.*

93 Mc 14, 23-24.

94 São inúmeras as referências ao vinho na Bíblia. Tanto no Antigo Testamento quanto no Novo Testamento é notável esse caráter ambivalente da bebida: "De tuas altas moradas regas os montes, e a terra se sacia com o fruto de tuas obras; fazes brotar relva para o rebanho e plantas úteis ao homem, para que da terra ele tire o pão e *o vinho, que alegra o coração do homem;* para que ele faça o rosto brilhar com óleo, e o pão fortaleça o coração do homem" (Sl 104, 13-15); "*A zombaria está no vinho, e a insolência na bebida!* Quem nisso se perde não chega a ser sábio" (Pr 20, 1); "*E não vos embriagueis com vinho, que é a porta da devassidão,* mas buscai a plenitude do Espírito" (Ef 5, 18); "*Não continues a beber somente água; toma um pouco de vinho* por causa de teu estômago e de tuas frequentes fraquezas" (1Tm 5, 23). Os grifos são meus.

A *Regra de São Bento* ajusta-se notavelmente a esse horizonte de ambiguidade e busca pela moderação. A *Regra* foi elaborada no decorrer de século VI e, mais tarde, difundiu-se amplamente como referência para as diversas ordens religiosas em toda a Europa. Nela é possível ler:

> Ainda que leiamos não ser absolutamente próprio dos monges fazer uso do vinho, como em nossos tempos disso não se podem persuadir os monges, ao menos convenhamos em que não bebamos até a saciedade, mas parcamente.[95]

Se, como afirma John W. O'Malley, as *Constituições* dos jesuítas foram elaboradas no século XVI a partir das regras e das constituições de outras ordens, é bem provável que a *Regra* beneditina tenha tido influência atuante. Do contrário, as *Constituições* ecoam, também, essa ambivalência com relação à bebida, uma vez que a recomendação jesuíta em relação à dieta dos religiosos era a *mediocridad*, a ser entendida como a "simplicidade, um caminho do meio entre dois extremos".[96] Com efeito, mais do que uma orientação exclusivamente jesuíta, a *mediocritas* foi um valor incorporado pelo pensamento humanista: ao analisar as cartas escritas por Petrarca no decorrer do século XIV, o historiador Hans Baron nota sua ambição por uma bem sucedida *mediocritas* a partir da adoção de um

---

95   *A Regra de São Bento*. Tradução e notas de D. João Evangelista Enout, O. S. B. Rio de Janeiro: Edições Lumen Christi, 1980. Ver Capítulo 40, "Da medida da bebida", p. 178.

96   O'MALLEY, John W. *Op. cit.,* p. 527.

O pão e o vinho da terra   121

modo de vida equilibrado entre a pobreza opressiva e a abundância luxuriante das riquezas.[97]

Com isso, dada sua importância fundante no cristianismo, não é de se estranhar que, assim como o *pão da terra*, o vinho elaborado a partir de gêneros nativos também esteja presente nos relatos seiscentistas. Afinal, como disse José de Acosta: "vinho é o que importa".[98] No entanto, em função do próprio histórico da bebida estrangeira, o vinho da terra se apresentaria como paradigma de moralidade. Principalmente no seio de uma sociedade que via na moderação um ideal de vida a ser conquistado.

Fazia-se vinho de diferentes espécies de frutas. Em sua descrição do naná – ou ananás, segundo Gaberiel Soares –, o jesuíta Fernão Cardim anota que "desta fructa fazem vinho os indios muito forte, e de bom gosto".[99] A respeito da jaboticaba, o religioso afirma; "dá huma fructa do tamanho de hum limão de seitil, a casca, e gosto, parece uva ferral [...] acha-se sómente pelo sertão e dentro da capitania de São Vicente. Desta fructa fazem os Indios vinho e o cozem como vinho d'uvas".[100]

Tal como já se mencionou no capítulo anterior, fazia-se vinho também a partir do milho. Jean de Léry dá notícias dessa "bebida de milho [...] Os selvagens chamam essa bebida de cauim, é turva e espessa como borra e tem como que gosto de azedo. Há cauim branco e tinto tal qual vinho".[101] De acordo com nota de Plínio Ayrosa, a denominação *cauim* é genérica e remete a todo tipo de

---

97   BARON, Hans. "Franciscan poverty and civic wealth as factors in the rise of humanistic thought". In: *Speculum. A journal of mediaeval studies*, vol. 13, nº 1 – jan., 1938, p. 1-37.

98   ACOSTA, José de. *Op. cit.*, p. 313.

99   CARDIM, Fernão. *Op. cit.*, p. 41.

100 *Idem. Op. cit.*, p. 37.

101 LÉRY, Jean de. *Viagem à terra do Brasil...* p. 130.

bebida fermentada.[102] Hans Staden menciona o mesmo nome para a bebida feita de raízes fermentadas,[103] cuja consistência é similar à descrita pelo francês Léry.

Dessa bebida preparada a partir de raízes, Gabriel Soares de Sousa relata uma produzida à base de aipim, a qual denomina vinho, sem, contudo, mencionar o nome *cauim*:

> Este gentio é muito amigo do vinho, assim machos como fêmeas, o qual fazem de todos os seus legumes, até da farinha que comem; mas o seu vinho principal é de uma raiz a que chamam aipim, que se coze, e depois pisam-na e tornam-na a cozer, como é bem cozida, buscam as mais formosas moças da aldeia para espremer estes aipins com as mãos e algum mastigado com a boca, e depois espremido na vasilha, que é o que dizem que lhe põem a virtude, segundo a sua gentilidade; a esta água e sumo destas raízes lançam em grandes potes, que para isso têm, onde este vinho se coze, e está até que se faz azedo; e como o está bem, o bebem com grandes cantares, e cantam e bailam toda uma noite às vésperas do vinho, e ao outro dia pela manhã começam a beber, bailar e cantar; e as moças solteiras da casa andam dando o vinho em uns meios cabaços, a que chamam cuias, aos que andam cantando, os quais não comem nada enquanto bebem, o que fazem de maneira que vêm a cair de bêbados por esse chão; e o que faz mais desatinos nessas bebedices, esse é o mais estimado dos outros nos quais se fazem sempre brigas; porque

102 AYROSA, Plínio. Ver nota 187. In: LÉRY, Jean de. *Op. cit.*, p. 116.

103 Ver no capítulo anterior a p. 50.

aqui se lembram de seus ciúmes, e castigam por isso as mulheres, ao que acodem os amigos, e jogam às tiçoadas uns com os outros.[104]

A princípio, o que se nota na pena de Gabriel Soares é o processo de elaboração do vinho no âmbito de uma festividade tupinambá, uma vez que seu preparo é acompanhado de cantos e danças no decorrer da noite às vésperas do vinho e no outro dia pela manhã. Na pena do tratadista, esse ritual ganha um caráter dionisíaco marcado pelo excesso e pelo desregramento no consumo da bebida. Para o escândalo do tratadista, os bebedores a consomem até caírem pelo chão.

Essas festas aconteciam em razão da morte dos prisioneiros de guerra. O próprio Soares de Sousa anota o ambiente em que se faziam esses grandes vinhos: eram elaborados no âmbito das cerimônias na qual se matavam os cativos de guerra.[105] Em estudo sobre o fenômeno da guerra na sociedade tupinambá, Florestan Fernandes aponta para seu significado mágico-religioso, onde a destruição dos prisioneiros, por um lado, cumpria obrigações sociais frente a entidades sobrenaturais e, por outro, fundamentava a diferenciação social no interior do grupo.[106]

Por sua vez, Ronald Raminelli nota que, além das cerimônias canibalescas, a bebida era consumida em diferentes momentos da vida social e religiosa entre os tupinambás. Aponta para sua utilização frequente em vários rituais de passagem, tais como do nascimento, da primeira menstruação e da perfuração do lábio inferior

---

104 SOUSA, Gabriel Soares de. *Op. cit.,* p. 311.

105 *Idem, op. cit.* Consultar p. 323 e 324.

106 FERNANDES, Florestan. *A função social da guerra na sociedade tupinambá.* São Paulo: Globo, 2006. Consultar o Livro Segundo, Capítulo 2, "Os fundamentos guerreiros do comportamento coletivo", p. 319-405.

dos mancebos. Além desses contextos, o historiador menciona também seu consumo na ocasião do trabalho coletivo da tribo na roça do chefe e em assembleias.[107]

O jesuíta Pero Correia descreve outra situação de uso da bebida entre nativos. Em carta escrita de São Vicente, no ano de 1551, diz o religioso:

> há entre elles grandíssima gentilidade e muitos er- rores, e de tempo em tempo se levantam entre elles alguns que se fazem santos e persuadem aos outros que entram nelles espíritos que os fazem sabedores do que está por vir [...] Estes fazem umas cabaças a maneira de cabeças, com cabellos, olhos, narizes e bocca com muitas pennas de cores que lhes apegam com cera compostas á maneira de lavores e dizem que aquelle santo que tem virtude para lhes poder valer e diligenciar em tudo, e dizem que falla, e á honra disto inventam muitos cantares que cantam diante delle, bebendo muito vinho de dia e de noite, fazendo harmonias diabólicas, e já aconteceu que andando nestas suas santidades (que assim a cha- mam elles) foram duas línguas, as melhores desta terra, lá e mandaram-as matar.[108]

---

107 RAMINELLI, Ronald. "Da etiqueta canibal: beber antes de comer". In: VENÂNCIO, Renato Pinto e CARNEIRO, Henrique. *Álcool e drogas na história do Brasil*. São Paulo/Belo Horizonte: Alameda/Editora PUC Minas, 2005. Ver p. 35.

108 CORREIA, Pero. "Carta do Ir. Pero Correia [ao P. Joao Nunes Barreto], África. S. Vicente, 20 de junho de 1551". In: *Cartas dos primeiros jesuítas do Brasil*. Tomo 1. LEITE, Serafim (org.). São Paulo: Comissão do IV centenário da cidade de São Paulo, 1954, p. 225.

O relato de Pero Correia remete à *santidade*, fenômeno estudado por Ronaldo Vainfas. Segundo o historiador esta cerimônia era acompanhada invariavelmente de bailes e cantos que reuniam toda a aldeia. Nessa ocasião também era consumido o cauim. Contudo, Vainfas assinala que esses bailes eram distintos das danças realizadas no decorrer das cauinagens noturnas, bem como dos sacrifícios antropofágicos.[109]

Ainda que a descrição do religioso aponte para uma situação diferente de consumo, sua atenção à quantidade e ao desregramento na bebedeira é manifesta. Pero Correia nota que se bebia muito vinho no decorrer do dia até a noite. Por sua vez, o calvinista Jean de Léry, em sua descrição da bebida elaborada a partir do aipim e da mandioca, também aponta para o exagero no consumo: "eu os vi não só beberem três dias e três noites consecutivas, mas ainda, depois de saciados e bêbados a mais não poder, vomitarem quanto tinham bebido e recomeçarem mais bem dispostos do que antes".[110] Evento que, segundo o francês, acontecia no contexto da morte solene de um prisioneiro de guerra.

Com efeito, quando se trata das utilizações do vinho, a mediação cristã se detia permanentemente no mau hábito de beber de maneira desenfreada. A peça teatral *Na festa de São Lourenço*, escrita por José de Anchieta, contém inúmeras informações etnográficas. Nela, a fala do personagem Guaixará – não por mero acaso o rei dos diabos – ecoa muito do que se pôde ler no escrito de Léry:

Boa cousa é beber
até vomitar cauim.
Isso é apreciadíssimo.
Isso se recomenda,
Isso é admirável!

---

109 VAINFAS, Ronaldo. *Op. cit.*
110 LÉRY, Jean de. *Op. cit.*, p. 131.

São aqui conceituados os moçacaras
beberrões.
Quem bebe até esgotar-se o cauim,
êsse é valente,
ansioso por lutar[111]

Pois bem, mais uma vez, o que se nota é a objetivação do consumo da bebida em termos morais. O descomedimento e o exagero na bebedeira se apresentam como a tônica na construção do personagem que corporifica o mal. Tendo isso em vista, é preciso lembrar que, embora o cauim fosse obtido pela fermentação de frutas em geral, era feito também de milho e mandioca. Desta última, já se discutiu oportunamente a conotação que possuia enquanto pão da terra. E por qual razão é preciso lembrar que o cauim era feito de mandioca? Ora, Ronald Raminelli traz uma resposta muito precisa à pergunta: "a mandioca tornou-se tema debatido entre missionários, cronistas e viajentes, pois ora alimentava cristãos ora conduzia tupis ao estado de embriaguez, à guerra e ao canibalismo".[112] Nesse sentido, portanto, é perceptível que, para o tubérculo, convergiram valores opostos, que se alteravam em decorrência do ritual prático de sua utilização. Enquanto alimento, poderia ser entendido como pão da terra. Quando bebido era associado à embriaguez e aos excessos.

Laura de Mello e Souza sugere que o início da Época Moderna foi marcado pela inexistência de uma definição categórica entre as esferas do bem e do mal, entre Deus e o Diabo. Essa perspectiva fornece uma chave de leitura possível para se compreender um gênero como a mandioca, simultaneamente, como o alimento por

---

111 ANCHIETA, José de. *Poesias*. Transcrições, traduções e notas de M. de L. de Paula Martins. Belo Horizonte/São Paulo: Itatiaia/Edusp, 1989, p. 690.

112 RAMINELLI, Ronald. *Op. cit.*, p. 32.

excelência e como gênero que incorpora os elementos negativos, "detratores por excelência, disponíveis no âmbito da cultura dos conquistadores e colonizadores da América",[113] utilizados para a nomeação e classificação do *outro*. Assim, em termos simbólicos, a mandioca poderia ser o *outro* ou o *mesmo*, em função da ritualidade envolvida em seu consumo.

Contudo, é preciso notar que esse elemento negativo e fundamentalmente detrator remete ao próprio demônio. Fenômeno no qual se inscreve a demonização da humanidade americana, e que já foi exemplarmente abordado pela autora citada. Tendo isso em vista, o que se pretende sublinhar, é que a presença do demônio na América pertence, também, à dinâmica de um processo que se revela tanto na tentativa europeia de se compreender um mundo novo a partir da utilização de velhos referenciais, quanto na instauração de paradigmas em função da necessidade de avaliar e correlacionar diferenças culturais. Embora não se reconhecesse uma alteridade irredutível e absoluta, as diferenças se mostravam evidentes.

É, portanto, no interior de um específico contexto social e histórico, marcado pela expansão do cristianismo e de seu contato com a diversidade cultural do novo mundo, que o caráter antropologizante e inclusivo, peculiar à nascente consciência europeia da Época Moderna, produziu símbolos de compatibilização entre as diferenças culturais. Esse processo se traduziu na possibilidade de julgar em termos morais uma cultura *outra* em função de sua prática ritual. Com isso, se estabelecia uma hierarquia cultural, onde o cristianismo se colocava acima.

Portanto, na relação do homem com seu meio natural o ritual prático de apropriação desse meio produz significados culturais. Segundo o historiador Nicola Gasbarro, "o rito é uma grande

---

113 SOUZA, Laura de Mello e. *Inferno Atlântico*: demonologia e colonização: séculos *XVI-XVIII*. São Paulo: Companhia das Letras, 1993, p. 25.

máquina de inclusão social e de compatibilidade simbólica, incluindo as diferenças e transformando-as em possibilidades de exercício prático".[114] Entretanto, embora esse exercício prático seja orientado por um projeto de conversão religiosa, ele se inscreve, também, no interior de uma estratégia colonial.

Nesse sentido, é preciso notar que a propagação do cristianismo está atrelada, principalmente, à expansão das monarquias católicas da Península Ibérica. Com efeito, se essas monarquias eram instituições seculares, não é menos verdade que a figura do rei aparecia como a "segunda espada da cristandade". A ideia de um Império Cristão era manifesta desde o entrelaçamento entre a Igreja e o Estado no decorrer do século IV, quando a religião cristã se tornou a religião oficial do Império romano. Com isso, os imperadores cristãos herdaram como dever, por um lado, sustentar e proteger o cristianismo e, por outro, estender o império aos não cristãos que, por algum motivo, lhes havia sido negado o acesso histórico à congregação de fiéis.[115]

Portanto, é munida desse horizonte assimilador que a expansão do cristianismo e a colonização das novas terras reduziria as drásticas diferenças entre universos reciprocamente desconhecidos. Todavia, cabia ao estrangeiro precaver-se para não incorporar os vícios locais. Como sugere Paul Rozin, a ingestão de alimentos é acompanhada da assimilação de seu significado simbólico. Ao ingerí-los, o indivíduo é penetrado não apenas por suas propriedades orgânicas, mas

---

114 GASBARRO, Nicola. "Missões: a civilização cristã em ação". In: MONTERO, Paula (org.). *Deus na aldeia: missionários, índios e mediação cultural*. São Paulo: Globo, 2006, p. 97.

115 Ver PAGDEN, Anthony. *Señores de todo el mundo. Ideologías del imperio en España, Inglaterra y Francia (en los siglos XVI, XVII y XVIII)*. Trad. M. Dolors Gallart Iglesias. Barcelona: Ediciones Península, 1997. Sobretudo o início do Capítulo 2, "Monarchia Universalis".

O pão e o vinho da terra   129

também culturais. Com isso, os gêneros alimentícios são sempre um perigo em potencial; tanto em sua dimensão biológica, porque eventualmente possuem toxinas e micro-organismos nocivos; quanto em sua dimensão cultural, uma vez que seu consumo traduz a comunhão do "comedor" com a conotação simbólica que esses gêneros possuem junto ao meio de onde são provenientes.[116]

Dieta e temperamento

Tal como foi apresentado no decorrer deste capítulo, o conhecimento acumulado historicamente pela civilização cristã forneceu os instrumentos intelectuais que permitiram ao europeu do século XVI decodificar o mundo natural americano. Para Serge Gruzinski, a expansão das monarquias católicas contribuiu notavelmente para a dilatação do espaço europeu, sobretudo por meio da difusão de seu imaginário e de seu saber. Entretanto, matiza o autor, "Seria um engano reduzir estes espaços ao espaço do Ocidente ou de concebê-lo unicamente em termos de ocidentalização".[117] E, em sua perspectiva, a integração de inúmeras "drogas" exóticas ao seio da farmacopeia tradicional do Velho Mundo revelaria um movimento que converge para a Península Ibérica, ao invés de lá ter sua origem.

De fato, a circulação de plantas medicinais se inscreve no âmbito de uma dinâmica de trocas entre diferentes culturas que paulatinamente estreitarão suas relações. Segundo Keith Thomas, a "descoberta do Novo Mundo intensificou a busca de plantas

---

116 Ver ROZIN, Paul. "La magie sympathique". In: FISCHLER, Claude (sous la direction de). *Manger magique. Aliments sorciers, croyances comestibles. Autrement, Coll. Mutations/Mangeurs* n° 149, Paris, 1994, p. 22-37. Disponível em: http://www.lemangeur-ocha.com/fileadmin/contenusocha/02_magie_sympathique.pdf.

117 GRUZINSKI, Serge. "Les mondes mêlés de la Monarchie Catholique et autres 'connected histories'". *Annales HSS.* janvier-février 2001, n° 1, p. 94.

medicinalmente úteis".[118] A respeito dessa conexão doravante inextricável, onde dar e receber eram possíveis em função de uma pseudo-equidade hierarquizada, são apropriadas as palavras de Gilberto Mazzoleni,

o preço da recuperação cultural dos homens não civilizados será debitado a ele com altos juros, pois o selvagem será o felizardo e exclusivo beneficitário do processo de aculturação. Dar-se-á início, portanto, àquela troca entre Ocidente e Novo mundo que pode ser sintetizada como generosa distribuição de bens culturais contra cessão de bens naturais.

Em outras palavras, podemos dizer que, para o europeu, o homem (de natureza) podia se tornar homem civilizado (de cultura), recebendo bens culturais e cedendo bens naturais. Com isto, a Europa ligava a si de modo indissolúvel as populações do novo mundo"[119]

Diante dessa relação evidentemente assimétrica, o saber farmacológico desempenharia, de fato, um papel de considerável importância na integração do mundo natural americano pela cristandade expansionista europria. E essa importância se operaria, principalmente, no plano ideológico. É notável, na pena de inúmeros cronistas, esse aspecto de inegável relevância, que atua no processo de familiarização com o desconhecido.

Com relação às utilizações medicinais da natureza por parte da medicina europeia ao início do século XVI, o escritor Pedro Nava atenta para as diversas plantas terapêuticas mencionadas no poema

---

118 THOMAS, Keith. *Op. cit.*, p. 63.

119 MAZZOLENI, Gilberto. *O Planeta Cultural...*, p. 7.

épico *Os Lusíadas*: lima-da-pérsia, sândalo, cravo-da-índia, cânfora--de-bornéo, canela-do-ceilão, enfim, uma série de plantas que forneciam aquilo que o poeta chama de "droga salutífera e prestante".[120] De acordo com estudo de Henrique Carneiro, ao longo do século XVI a palavra "droga" "abrangia xaropes, elixires, néctares, açúcares, essências, bálsamos, tônicos, frutos, madeiras, extratos animais, ervas, eleituários, pós, resinas, folhas, minérios, pedras".[121] São, portanto, substâncias interpenetráveis, diz o autor. Essa característica derivava das diversas possibilidades de uso que cada planta comportava. Era essa, portanto, a base do saber médico coevo.[122]

Com efeito, essa modalidade de conhecimento era atuante nas relações entre Velho e Novo Mundos. Mesmo o clima encerrava qualidades que variavam de remédio a veneno, dependendo das circunstâncias. Pero de Magalhães Gândavo, em uma perspectiva notavelmente detratora, sustenta que na Província de Santa Cruz há inúmeros animais e bichos venenosos devido à "disposição da terra e dos climas que a senhoreiam".[123] A respeito deste fenômeno, o autor da *primeira História do Brasil* argumenta que assim se dá,

> Porque como os ventos que procedem da terra se tornam infeccionados das podridões das ervas, matos e alagadiços, geram-se com a influência do sol, que nisto concorre, muitos e mui peçonhentos

---

120 CAMÕES, Luís de. *Os Lusíadas*. São Paulo: Editora Nova Cultural, 2002. Canto Segundo, quarta estrofe, verso quatro. Sobre a medicina no poema de Camões: NAVA, Pedro. *A medicina de Os Lusíadas e outros textos*. Cotia: Ateliê Editorial, 2004, p. 35 e 36.

121 CARNEIRO, Henrique. *Filtros, mezinhas e triacas. As drogas no mundo moderno*. São Paulo: Xamã, 1994, p. 99.

122 Ver CARNEIRO, Henrique. *Op. cit.*

123 GÂNDAVO, Pero de Magalhães. *Op. cit.*, p. 106.

animais, que por toda terra estão esparzidos, e a essa causa se criam e acham nas partes marítimas e pelo sertão adentro infinitos.[124]

Entretanto, Fernão Cardim apresenta outra perspectiva absolutamente distinta do historiador. Segundo o jesuíta,

> O Clima do Brasil geralmente é temperado de bons ares, delicados, e salutíferos ares, donde os homens vivem muito até noventa, cento e mais annos, e a terra é cheia de velhos; geralmente não tem frios, nem calmas, ainda que do Rio de Janeiro até São Vicente há frios, e calmas, mas não muito grandes; os céus são muitos puros e claros, principalmente de noite; a lua é muito prejudicial á saude, e corrompe muito as coisas; as manhãs são salutíferas, têm pouco de crepúsculos, assim matutinos, como vespertinos, porque, em sendo de manhã, logo sai o sol, e em se pondo logo anoitece.[125]

É notável o antagonismo em relação à natureza americana presente na pena de Gândavo e Cardim. Não há dúvidas de que essa oposição remete ao embate entre detratores e edenizadores tratado por Laura de Mello e Souza.[126] Ainda que nenhuma das duas formulações tenha sido exclusiva, a autora sustenta que houve tendência à edenização. E, à medida que o clima também continha em si qualidades iátricas, não era desprezível a influência dessa formulação.

---

124 *Idem, ibidem.*

125 CARDIM, Fernão. *Op. cit.,* p. 25

126 SOUZA, Laura de Mello e. *O diabo e a terra de Santa Cruz: feitiçaria e religiosidade popular no Brasil colonial.* São Paulo: Companhia das Letras, 1986, p. 32-49.

Segundo Cardim, era por desfrutar de um clima saudável que os nativos americanos alcançavam longa idade. E, mesmo que a lua prejudicasse a saúde, as manhãs eram sempre salutíferas. Se a salubridade da terra carrega, em parte, uma conotação paradisíaca – uma vez que são temas que se avizinham nas descrições, tal como se nota, por exemplo, na carta de Américo Vespúcio de 1502[127] –, é patente, também, o caráter medicinal "por si". Ainda que, à época, religião e medicina não pertencessem a esferas totalmente separadas, em certa crônica, a menção às qualidades da terra em detrimento da arte médica, em específico, é literal; "a terra é fértil e amena, e tão sadia do seu natural que quase escusa medicina alguma; ali se morre de doença por acaso; antes, acabam quase todos minados da velhice".[128]

É evidente que uma terra tão sadia deveria ser rica em substâncias benéficas. Segundo Michel Foucualt, até o final do século XVI o saber ocidental operava por meio de um sistema de afinidades e semelhanças.[129] A trama semântica desse modelo de saber era rica. Todavia, há quatro figuras apontadas como principais. Primeiramente, a *convenientia*, que atuava como signo de parentesco onde os diferentes seres se ajustavam; "a planta comunica com o animal, a terra com o mar, o homem com tudo que o cerca".[130] Desse modo, através do ajustamento das diferenças o mundo constituía-se como uma cadeia de si para si.

A segunda figura é a *aemulatio*, que operava como signo produtor de correspondências especulares, anulando as distâncias próprias das coisas. Contudo, ainda que abolidas as distâncias, a

---

127 Ver nota 15 deste capítulo.

128 OSÓRIO, Jônimo. *Da vida e feitos...* In: *op. cit.,* p. 495.

129 FOUCAULT, Michel. *As palavras e as coisas: uma arqueologia das ciências humanas.* São Paulo: Martins Fontes, 1999, p. 23-35.

130 *Idem, ibidem,* p. 25.

descontinuidade permanecia e fomentava o elo através da rivalidade; o mundo se constituía nesse caso pela autonomia das coisas, que permitia seu encadeamento por reflexão e emulação. [131]

A *analogia* estimulava as similitudes mais sutis das relações, proporcionando a aproximação entre todas as figuras do mundo que, entretanto, convergiam para o homem. Este é o centro onde todas as relações procuravam apoio, para serem refletidas em seguida.[132] Por último, seguia-se a *simpatia*, que incitava a aproximação entre as coisas mais distantes, convertendo-as em equivalentes idênticos. Todavia, era compensada pela operação inversa, presente na figura da antipatia. A operação conjunta de ambas permitia a aproximação das coisas do mundo, sem que estas perdessem sua singularidade.[133]

É dentro desse sistema de afinidades e semelhanças que Américo Vespúcio conjectura que as diversas substâncias exaladas pelas árvores americanas são saudáveis aos corpos humanos. Até o tabaco tinha suas virtudes. A erva, que era consumida por ocasião das *santidades,*[134] possuía uma conotação bastante negativa. O uso desta planta pelo ex-donatário da Capitania do Espírito Santo, Vasco Fernandes Coutinho, foi, inclusive, o motivo de sua excomunhão pelo Bispo Pero Fernandes Sardinha.[135] Mas, paradoxalmen-

---

131 *Idem, ibidem.*

132 *Idem, ibidem.*

133 *Idem, ibidem.*

134 Reproduzo, aqui, o texto de Ronaldo Vainfas a respeito das *santidades*: "eram cerimônias inseparáveis de bailes e cantos que congregavam a aldeia inteira, regadas a cauim e a petim" (VAINFAS, Ronaldo. *Op. cit.,* p. 60). Ao vinho feito da mandioca, também eram atribuídas qualidades medicinais. Ao descrever a mandioca Fernão Cardim revela que os "índios fazem vinho della, e he tão fresco e medicinal para o fígado que a elle se attribuie não haver entre elles doentes de fígado" (CARDIM, Fernão. *Op. cit.,* p. 41).

135 Ver em HOLANDA, Sérgio Buarque de. "A instituição do governo-geral". In: HOLANDA, Sérgio Buarque de. e CAMPOS, Pedro Moacyr. *História geral da*

O pão e o vinho da terra   135

te, na pena de Damião de Góis, sua utilização adequada poderia fazer milagres:

> Há muitas ervas odoríferas e medicinais, delas diferentes das nossas, entre as quais há a que chamamos de fumo, e eu chamaria erva santa, a que dizem eles chamam petum, de cuja virtude poderia aqui, por coisa milagrosa de que eu vi a experiência, principalmente em casos desesperados, de apostemas ulceradas, fístulas, caranguejas, pólipos, frenesis e outros muitos casos.[136]

Jerônimo Osório também mencionou as virtudes da utilização medicinal do tabaco. De acordo com o erudito historiador, entre os usos da erva santa, podia-se mencionar seu uso no caso de

> chagas apertos de amiudado anélito, também para cancros e para a gangrena procedida de chagas apodrecidas e que, em perdição de todo o corpo, lavra contagiosa e súbita; e para muitas doenças em que a arte médica em vão se esgota, e que ela mui pronta despede.[137]

Ora, assim como a erva do tabaco, outros vegetais eram avaliados a partir de suas propriedades curativas. A própria mendioca encerrava qualidades médicas. De acordo com Fernão Cardim, do tubérculo curado ao fumo, "se fazem muitas maneiras de caldos que chamão mingáos, tão sadios, e delicados que se dão aos doentes de

---

civilização brasileira. Tomo I. A época colonial. Do descobrimento à expansão territorial. São Paulo: Difel, 1981.

136 GÓIS, Damião de. *Crônica do felicíssimo...* In: *op. cit.,* p. 474.

137 OSÓRIO, Jerônimo. *Da vida e feitos de El-Rei D. Manuel.* (1571). In: *Brasil 1500...,* p. 495.

febres em lugar de amido".[138] Gabriel Soares de Sousa aponta que as raízes curtidas eram utilizadas para se curar *postemas*.[139] É ainda o tratadista quem enumera diversos outros gêneros que, de algum modo, possuem virtudes medicinais. Entre eles o umbu, o jenipapo, o guti, a curuanha, o araçá, o araticu, o pino e, por fim, a pindoba, a partir da qual os nativos faziam "azeite para suas mezinhas".[140] Nesse sentido de atribuir qualidades médicas aos gêneros locais, não deixa de ser ilustrativo o exame dos mantimentos da terra feito pelo padre Luís da Grã em sua carta de 1554. Como já foi apontado oportunamente, o religioso notava que, embora abundantes, os alimentos próprios da terra eram úmidos.[141]

O princípio taxonômico que orienta Luís da Grã deriva da doutrina humoral herdada da medicina hipocrática que vigorou na Antiguidade. Segundo Pedro Nava, a recuperação do hipocratismo pela Europa deu-se, principalmente, a partir do Renascimento. Nas palavras do escritor, na arte médica, "a revolução renascentista pode ter seu início marcado entre as datas de 1490 e 1525, quando são impressos Galeno em Veneza e Hipócrates na sua primeira tradução latina, feita sobre os manuscritos do Vaticano e devida a Fabricius Calvus".[142] Por outro lado, em um estudo mais sistemático, Raymond Klibansky, Erwin Panofsky e Fritz Saxl sugerem que a doutrina humoral foi recuperada pela filosofia escolástica no

---

138 CARDIM, Fernão. *Op. cit.,* p. 41.

139 SOUSA, Gabriel Soares de. *Op. cit.,* p. 176.

140 *Idem*. *Op. cit.,* p. 197.

141 Ver nota 23 deste capítulo.

142 NAVA, Pedro. *Capítulos da história da medicina no Brasil*. Cotia/Ateliê Editorial/Londrina: Eduel/São Paulo/Oficina do Livro Rubens Borba de Moraes, 2003, p. 38.

Ocidente fundamentalmente a partir da primeirta metade do século XII.[143] Diante disso, o apontamento de Pedro Nava remete àquilo que seria o ápice de um processo que teve seu início mais de três séculos antes. Nava refere-se, portanto, à popularização da doutrina dos temperamentos.

De acordo com a medicina da Antiguidade, a comida e a bebida poderiam tanto conservar quanto dar saúde. Contudo, era preciso saber quais eram as características específicas de cada gênero alimentar. Daí, por exemplo, a prática comum no decorrer do século XVI de se distinguir cada planta "segundo o gosto, o cheiro, a comestibilidade e, acima de tudo, o seu valor medicinal, não raro subdividindo-as conforma a parte do corpo que pudessem curar".[144] Segundo Keith Thomas, esse método de classificação remonta a autores clássicos como Teofrasto, Dioscórides e Plínio. Por sua vez, estas características estavam relacionadas à compreensão do funcionamento do organismo humano pela medicina hipocrática.[145]

A medicina hipocrática concebia o corpo humano a partir da teoria dos quatro humores. Nascida a cerca de 400 anos a. C., a doutrina dos humores aliava as especulações da filosofia natural às evidências empíricas da fisiologia e da prática médica. Segundo essa doutrina, havia quatro humores que agiam sobre o comportamento humano. Embora todo indivíduo contivesse em si os quatro humores, era o predominante que determinava suas características particulares. Os humores eram a bile negra, a fleuma, a bile amarela e o

---

143 Consultar KLIBANSKY, R.; PANOFSKY, E. *et* SAXL, Fr. *Saturne et la mélancolie. Études historiques et philosophiques: nature, religion, medicine et art.* Traduit par Fabienne Durand-Bogaert et Louis Évrard. Paris: Gallimard, 1989, p. 169 e seguintes.

144 THOMAS, Keith. *Op. cit.,* p. 63.

145 Ver MAZZINI, Innocenzo. "A alimentação e a medicina no mundo antigo". In: FLANDRIN, Jean-Louis e MONTANARI, Massimo. *Op. cit.*

sangue. Assim, a bile negra predominava nos indivíduos de caráter frio e seco; a fleuma remetia ao caráter frio e úmido; a bile amarela era característica dos indivíduos de temperamento quente e seco; a calidez e a umidade eram qualidades daqueles cujo humor predominante era o sangue.[146]

Segundo essa doutrina, a saúde e a doença se manifestavam de acordo com o equilíbrio ou o desequilíbrio dos humores naturais de cada corpo humano. Com isso, a saúde seria o equilíbrio entre as diferentes qualidades, enquanto a doença estaria na predominância de uma delas. Por sua vez, os alimentos também possuíam estes elementos, e a falta ou o excesso de um ou outro elemento no corpo humano poderia ser corrigido por meio do consumo dos alimentos corretos, fossem eles secos, úmidos, quentes ou frios.[147] Por meio da absorção e digestão dos alimentos, se restabeleceria o equilíbrio necessário à saúde.

É, portanto, alinhada a esse horizonte cultural que se podem compreender as características atribuídas a inúmeros gêneros, principalmente às frutas. Do caju, Pero de Magalhães Gândavo nota que "sua natureza é muito fria".[148] Informação que é ratificada por Gabriel Soares, que além da constatação da frialdade da fruta, alude às suas utilizações:

> A natureza destes cajus é fria, e são medicinais para doentes de febres, e para quem tem fastio, os quais fazem bom estômago e muitas pessoas lhes tomam o sumo pelas manhãs em jejum, para conservação do

---

146 Ver KLIBANSKY, R.; PANOFSKY, E. et SAXL, Fr. *Op. cit.*, p. 31-48.

147 Ver MAZZINI, Innocenzo. "A alimentação e a medicina no mundo antigo". In: FLANDRIN, Jean-Louis e MONTANARI, Massimo. *Op. cit.* Consultar também CARNEIRO, Henrique. *Op. cit.*, p. 73 e 74.

148 GÂNDAVO, Pero de Magalhães. *Op. cit.*, p. 83.

estômago, e fazem bom bafo a quem os come pela manhã, e por mais que se coma deles não fazem mal a nenhuma hora do dia, e são de tal digestão que em dois credos se esmoem.[149]

Contudo, o tratadista nota que a castanha que acompanha a fruta é de natureza *quentíssima*.[150] Tal como o caju há outras frutas de natureza fria, assim é o cajá,[151] o ombú,[152] o maracujá,[153] todas receitadas para doentes de febres. Por outro lado, a antítese dessas frutas é o ananás: de natureza quente e úmida,[154] era considerada muito prejudicial para os doentes de febres.[155]

No interior desse sistema de afinidades onde a qualidade dos seres se comunicava por meio de correspondências e semelhanças, a riqueza da terra encontrava equivalência nas águas que a banhavam. Américo Vespúcio já notava, em 1503, que a terra era "abundante em grandíssimos rios, banhada de saudáveis fontes".[156] A notícia de Vespúcio a respeito das águas ecoaria na pena de escritores como Damião de Góis[157] e Jerônimo Osório.[158] Entretanto, pouco

---

149 SOUSA, Gabriel Soares de. *Op. cit.*, p. 187.

150 *Idem. Op. cit.*

151 *Idem, ibidem*, p. 191.

152 CARDIM, Fernão. *Op. cit.*, p. 36.

153 SOUSA, Gabriel Soares de. *Op. cit.*, p. 199.

154 *Idem. Op. cit.*, p. 201.

155 CARDIM, Fernão. *Op. cit.*, p. 41.

156 VESPÚCIO, Américo. "Mundus Novus...". In: *Brasil 1500...*, p. 318.

157 *"Têm muitas grandes ribeiras e muito bons portos, muitas fontes de muito boas águas"* (GÓIS, Damião de. "Crônica do felicíssimo...". In: *Brasil 1500...*, p. 474).

158 "Muitos grandes rios a umedecem; e as fontes de água doce e perenal que tem são fora de algarismo" (OSÓRIO, Jerônimo. *Da vida e feitos de El-Rei D. Manuel*. (1571). In: *Brasil 1500...*, p. 495).

mais de cinquenta anos depois, o relato do florentino era confirmado pela experiência do padre jesuíta Juan de Azpicuelta Navarro. Ao descrever a região que circunda o Rio São Francisco, o religioso notava que "as terras que estão ao redor deste rio, e trinta léguas e ainda mais ao redor, são bonitas e sudáveis".[159] Com efeito, essa abundância de águas permite compreender a umidade atribuída aos mantimentos da terra pelo padre jesuíta Luís da Grã.

Pois bem, assim como o clima, os vegetais e as águas possuíam qualidades medicinais, certos peixes e animais terrestres também poderiam ser ou não saudáveis. Como já foi mencionado no capítulo primeiro, em carta destinada ao padre Inácio de Loyola, Luís da Grã afirmava que o pescado na Terra do Brasil era gostoso e *saníssimo*.[160] Assim como a do religioso, outras descrições da ictiofauna americana apontavam para sua salubridade. É nesse sentido que Gabriel Soares nota que, por exemplo, o guirá, "além de ser gostoso é muito sadio".[161] Ou as arraias, que também eram tidas como "saborosas e sadias".[162] Além destas, é possível encontrar outras espécies com as mesmas qualidades, como o piracuca, as abróteas ou as ubaranas. Todos de água salgada. Contudo, certos peixes de água doce não escapam a esse critério de classificação, como é o caso do tamutá.[163]

Alguns peixes alcançavam, inclusive, certa especialização em sua aplicação medicinal. É o caso do uacari, cuja pele "os índios

---

159 NAVARRO, Juan de Azpicuelta. "Carta do padre Juan de Azpicuelta Navarro aos padres e irmãos de Coimbra. Porto Seguro 24 de junho de 1555". In: *Cartas dos primeiros jesuítas do Brasil.* Tomo 2. LEITE, Serafim (org.). São Paulo: Comissão do IV centenário da cidade de São Paulo, 1954, p. 249.

160 Ver nota 113 do capítulo 1.

161 SOUSA, Gabriel Soares de. *Op. cit.,* p. 282.

162 *Idem. Op. cit.*, p. 283.

163 *Idem, ibidem*, p. 296.

têm por contrapeçonha para mordeduras de cobra"[164] ou o guaraguá, que porta um pedra entre os miolos da cabeça e cujas virtudes são notáveis "contra a dor de pedra".[165] O *Tratado* de Gabriel
Soares dedica todo um capítulo às castas de peixe medicinal, dentre os quais se pode mencionar o jaguaraçá, o piraçaquém, o bo-
dião, o tucupá e o guaibiquati, em geral considerados saborosos e
leves para doentes.[166]

Com relação aos animais terrestres, as menções à salubridade são mais moderadas se comparadas aos peixes. O que se nota
em alguns casos é a contra-indicação do consumo de algumas espécies, tal como a do tajaçu, "carregada para quem não tem boa
disposição",[167] ou das capivaras, "carregada para quem não tem
saúde".[168] Contudo, há certos animais cuja utilização medicinal
aparece de modo bastante especializado, como é o caso dos ossos
de anta, os quais, "queimados e dados a beber, são bons para estancar câmaras";[169] ou a carne de jagurecaca, também considerada boa
para "estancar câmaras de sangue".[170] Todavia, não se pode dizer
que estes dois gêneros fossem compreendidos efetivamente como
alimentos. Por sua vez, o aperiá certamente se enquadra nesta categoria e, dele, Gabriel Soares notou que a carne era "muito boa,
sadia e saborosa".[171] Com efeito, dentre a fauna terrestre, a espécie a
que mais se atribuiu qualidades medicinais foi a dos *cágados*: entre

---

164 *Idem, ibidem.*

165 *Idem, ibidem*, p. 279.

166 *Idem, ibidem*, p. 285 e 286.

167 *Idem, ibidem*, p. 249.

168 *Idem, ibidem*, p. 250.

169 *Idem, ibidem*, p. 244.

170 *Idem, ibidem*, p. 249.

171 *Idem, ibidem*, p. 254.

as diferentes castas descritas, a carne do *jabuti* e do jabuti-mirim foram cosideradas as mais medicinais e sadias para os doentes.[172]

Ora, o que se pode notar desse processo de incorporação do mundo natural americano no âmbito do saber médico europeu é seu efetivo deslocamento de qualquer vínculo de pertença às práticas e saberes tradicionais autóctones. Por meio desse sutil instrumento de reelaboração e assimilação de um saber *outro*, o conhecimento médico da cristandade ocidental *torna sã*[173] a natureza americana e impede a assimilação das "propriedades culturais" nativas dos alimentos. Em última instância, o poder terapêutico da terra serviria de estímulo à atividade missionária, uma vez que possibilitaria a recuperação de uma eventual enfermidade, tal como relatou o irmão José de Anchieta em carta ao padre Inácio de Loyola; "um Irmão nosso, que viera doente de Portugal [...] veio para aqui e começou a alimentar-se das nossas comidas pobríssimas, pôs-se robusto".[174] A notícia de Anchieta ecoaria em outra carta, esta escrita pelo padre Manuel da Nóbrega, onde o religioso sugeria o encaminhamento dos irmãos doentes para as terras do Brasil; "os irmãos, que lá houvesse desta enfermidade, deviam vir para cá, porque achariam cá bem, como se tem por experiência".[175]

---

172 *Idem, ibidem,* p. 255.

173 Sugiro esse termo em tradução a *sanitized,* utilizado por Marcy Norton ao comentar as discussões realizadas por Juan de Cérdenas a respeito do chocolate. (NORTON, Marcy. "Tasting Empire: Chocolate and the European Internalization of Mesoamerican Aesthetics"..., p. 689).

174 ANCHIETA, José de. "Carta do Ir. José de Anchieta ao P. Inácio de Loyola, Roma. São Paulo de Piratininga [1 de setembro de] 1554". In: *op. cit.,* p. 112.

175 NÓBREGA, Manuel da. "Carta do P. Manuel da Nóbrega ao P. Francisco Henriques, Lisboa. S. Vicente 12 de junho de 1561". In: *Cartas dos primeiros jesuítas do Brasil.* Tomo 3. LEITE, Serafim (org.). São Paulo: Comissão do IV centenário da cidade de São Paulo, 1954, p. 351.

O pão e o vinho da terra   143

Com isso, não se pode deixar de notar a estreita relação existente entre a desassociação dos usos do mundo natural de seu contexto nativo tradicional e o próprio fenômeno de edenização da natureza. Para isso, é preciso atentar, mais uma vez, ao caráter fundamentalmente religioso da mentalidade imperativa no decorrer do século XVI, quando o saber médico era largamente tributário da doutrina dos humores. Primeiramente, há de se observar que a reabilitação dessa doutrina pelo Ocidente cristão no início do século XII foi mediada pela ótica cristã.

Segundo o estudo citado de Raymond Klibansky, Erwin Panofsky e Fritz Saxl, Guillaume de Conches, um dos mais significantes expositores da teoria dos quatro humores no decorrer da primeira metade do século XII, a incorpora a partir de uma grade de leitura notavelmente cristã. Na perspectiva de Guillaume de Conches, o homem anterior à Queda era naturalmente quente e úmido (sanguíneo). Sua expulsão do Paraíso assinalou a perda da justa medida de seu temperamento e, doravante, suas privações degeneraram-lhe estas qualidades originais. Daí sua necessária convivência com outras modalidades de temperamento, tais como o quente e seco (colérico), o frio e úmido (fleumático) e o frio e seco (melancólico).[176] Ora, se a expulsão do Éden privou o homem de seu natural equilíbrio humoral, isto significa dizer que foi destituído de sua saúde. Nesse sentido, uma vez que há um lugar em que é possível reestabelecer a saúde, este lugar cumpre a possibilidade de se recuperar uma situação anterior à Queda. Sem dúvidas, sanificar o que o mundo natural americano dispunha para uso é o produto histórico de um mesmo modelo epistêmico que edenizava esta natureza no decorrer do século XVI. Com isso, o Ocidente cristão podia superar as "condições naturais" do Novo Mundo: a negação

---

176 Ver KLIBANSKY, R.; PANOFSKY, E. *et* SAXL, Fr. *Op. cit.,* p. 169-174.

de uma "realidade dada" possibilitava a instauração de novos horizontes de significados.

Entretanto, é muito de se pensar que, se por uma lado, as visões paradisíacas, a produção de equidades simbólicas e a sanificação do mundo natural, simultaneamente, enaltecem e justificam o Novo Mundo como um lugar possível, por outro, esta apologia buscava escamotear a péssima reputação que o Novo Mundo gozava na Europa. Ao menos é isso o que se pode inferir das palavras do padre Rui Pereira que, em carta aos padres e irmãos de Portugal, roga "por amor de Christo" que estes "percão a maa opinião que até aqui do Brasil tinhão, porque lhes falo verdade que, se ouvesse paraizo na terra, eu diria que agora o avia no Brasil".[177] Essa má reputação é perfeitamente compreensível, sobretudo no âmbito de um contexto em que a Coroa portuguesa concentrava seus interesses na Ásia.

Com isso, verifica-se que, paulatinamente, o século XVI concretizou um circuito de relações entre os dois lados do Atlântico. Em função de uma perspectiva essencialmente utilitarista do mundo natural, pautada por um ideário fundamentado no cristianismo, a relação entre o homem e o mundo natural que então se revelava estabelecia pontos de referência que orientavam esse relacionamento. Por sua função estrutural no interior das sociedades humanas, a alimentação pode ser compreendida como um desses pontos, uma vez que articula e exprime as convicções mais elementares imersas nessa relação. Ao passo que o relacionamento com o meio não se desvincula de suas utilizações culturais, a homologação das diferenças se constituía como a base de um princípio hierarquizador e inclusivo que percorreria toda a extensão social: o homem americano também seria assimilado a partir desse mesmo ponto de referência.

_____

177 PEREIRA, Rui. "Carta do P. Rui Pereira aos Padres e Irmão de Portugal...". In: *Cartas...*, p. 297.

Capítulo 3
Das relações humanas: aproximações no limiar das distâncias

"Trouxe-lhe o hospedeiro uma porção do mal remolhado
e pior cozido bacalhau, e um pão tão negro e de tão má cara,
como as armas de Dom Quixote."
(Miguel de Cervantes,
O engenhoso fidalgo Dom Quixote de la Mancha)

Habilidades ausentes

Como foi apresentado no decorrer deste trabalho, o contexto no qual se inscreve a expansão das monarquias católicas fornece um quadro cuja topografia é marcada, simultaneamente, pela dilatação do espaço europeu e pela redução das distâncias entre diferentes povos e culturas, cujas relações se estreitaram progressivamente a partir de então. Esse processo norteou-se por um amplo conjunto de referências que tornava compreensível tudo aquilo que nunca fora visto por aqueles que registraram tal experiência. No âmbito dessa dinâmica, a natureza americana capturou a atenção de cronistas e tratadistas que a avaliaram a partir de um lugar epistemológico cuja atuação redimensionava seu caráter "nativo" e a integrava à própria experiência da "civilização europeia".

146   Rubens Leonardo Panegassi

Contudo, tal avaliação não era desvinculada das apropriações culturais locais. Sobretudo no que tange aos gêneros alimentares. Se, como foi apontado no decorrer do primeiro capítulo, a alimentação pode ser compreendida como um dos pontos a partir dos quais as sociedades humanas estruturam suas representações de mundo, vale notar que tais apropriações do meio lançaram as bases para que a presença europeia nas Américas pudesse confirmar, em termos empíricos, o ideal cristão da unidade do gênero humano.

Se, por um lado, esta concepção unificadora da humanidade assegurava a convivência espacial entre os diferentes grupos sociais em contato, por outro, garantia os termos comparativos que alocavam esta mesma convivência em outro plano. É notável nos relatos a respeito dos autóctones americanos sua caracterização a partir de certas "deficiências", percebidas em algumas "etapas" do sistema alimentar dos nativos.[1] Tal como foi mencionado no capítulo primeiro, o escrivão Pero Vaz de Caminha observou que os naturais da Ilha da Vera Cruz "não lavram nem criam". E, em função disso, a expedição de que participava não encontrou na terra nem "boi, nem vaca, nem cabra, nem ovelha, nem galinha, nem outra nenhuma alimária que seja costumada ao viver dos homens".[2]

Ora, a descrição de Caminha recorre a uma caracterização defectiva dos autóctones: nota-se a imperfeição destes a partir da ausência de técnicas estruturais da civilização europeia. Historicamente, tanto a agricultura quanto a domesticação dos animais possuem

---

1   A noção de "sistemas alimentares" analisa a alimentação em função de "todos os determinantes do consumo alimentar, a partir das relações estabelecidas entre os diferentes agentes sociais participantes da cadeia alimentar: produtores, distribuidores e consumidores" (OLIVEIRA, Silvana P. de. e THÉBAUD-MONY, Annie. "Estudo do consumo alimentar: em busca de uma abordagem multidisciplinar"... p. 203).

2   Ver nota 96 do capítulo 1.

um caráter fundador no âmbito da cultura dos europeus. Segundo Catherine Perlès, a agricultura e a criação de animais remontam ao período neolítico e representam uma mudança econômica sem precedentes na História, à medida que se constituíram como técnicas eficientes no combate aos infortúnios climáticos. Ambas as atividades teriam definido uma perceptível mudança nas relações entre o homem e a natureza. Para a autora, é nesta "revolução" econômica que se encontra a origem da cultura alimentar europeia, caracterizada, grosso modo, por um lado pela cultura de cereais como o trigo e o centeio e, por outro, pela criação de animais como carneiros, cabras, bois e porcos.[3]

Daí a agricultura e a criação de animais surgirem como valor para o escrivão frente à necessidade de objetivar, em sua peculiaridade, os nativos americanos. Mas a ausência destas atividades, por si, constitui apenas um tênue indício do lugar ocupado pelos autóctones da Ilha da Vera Cruz. Ainda que, através da História, os modelos produtivos tenham desempenhado um papel considerável na construção de diferenças ou equidades culturais.

Nessa perspectiva, Massimo Montanari sugere que a Antiguidade foi marcada por um "preconceito cultural" atrelado, fundamentalmente, a dois diferentes modelos de produção. O primeiro deles está ligado ao desinteresse pela natureza inculta, comum tanto à cultura grega quanto à romana. Ambas estas culturas compreendiam o espaço não cultivado de modo eminentemente negativo. Na terminologia latina, o *saltus*, que correspondia à natureza virgem, era entendido como uma espécie de antítese do mundo humano e civilizado, a *civiltà*. Assim, a agricultura e a arboricultura, que compunham a base do eixo econômico e cultural entre gregos e romanos, pertenciam a uma categoria de atividades que separavam

---

3   PERLÈS, Catherine. "As estratégias alimentares nos tempos pré-históricos". In: FLANDRIN, Jean-Louis e MONTANARI, Massimo. *História da alimentação...*

o homem da natureza. A estas práticas pode-se acrescentar a horticultura, o pastoreio de ovinos e a pesca nas regiões costeiras.[4]

O segundo modelo de produção é o "bárbaro", cuja característica se define por aquilo a que o modelo grego e romano se opunha. Enquanto para estes a "floresta era sinônimo de marginalidade",[5] para os celtas e germanos que habitavam as florestas da Europa Central e do Norte, ela era a base de um sistema de vida que integrava o homem à natureza inculta. Daí um modo de produção onde atividades como a caça, a pesca, a colheita de frutos silvestres e a "criação selvagem" de animais diversos surgiam como práticas circunscritas a um peculiar sistema econômico e cultural.[6]

Por sua vez, o termo "bárbaro" foi utilizado para descrever os habitantes nativos da *Província do Brasil*. Em sua *Crônica*, Damião de Góis assim os descreve; "a gente dessa província é baça, de cabelo preto, comprido e corredio, sem barba, de meia estatura. São tão bárbaros que [em] nenhuma coisa crêem".[7] Note-se que, historicamente, o emprego dessa terminologia remetia à descrição dos membros de uma sociedade à qual não pertencia o observador que elaborava o registro. Cunhada pelos gregos por volta dos séculos VII e VIII a. C., a palavra foi utilizada, inicialmente, para distinguir os "estrangeiros", ou seja, aqueles que não sabiam falar grego. Contudo, esta incapacidade não era percebida unicamente como um defeito linguístico: entre os gregos, a fala inteligível denotava integralmente a racionalidade. Com efeito, para grande parte dos gregos, bem como para a maioria de seus herdeiros culturais, a habilidade da

---

4   Ver MONTANARI, Massimo. *A fome e a abundância...* Particularmente o Capítulo 1, "Fundamentos para uma linguagem comum".

5   *Idem. Op. cit.,* p. 18.

6   *Idem, ibidem.*

7   GÓIS, Damião de. "Crônica do felicíssimo...". In: *op. cit.,* p. 474.

O pão e o vinho da terra   149

fala, associada à capacidade do exercício da razão – na *polis* – eram qualidades que efetivamente distinguiam os homens dos animais. Desse modo, a designação "bárbaro" remetia, em última instância, ao fracasso, por parte desses estrangeiros, em cumprirem o desenvolvimento das capacidades que os qualificariam, definitivamente, como homens.[8]

Com isso, é nítido que a concepção grega de "bárbaro" é basicamente excludente: ainda que não lhe prive a humanidade em termos absolutos, o insere em uma categoria irrecuperavelmente inferior. Entretanto, a partir do século IV d. C. esta noção ganharia outra conotação: a mitologia cristã, fundamentada na existência de um único progenitor para toda humanidade, colocaria o termo a partir de outras premissas, sendo aplicado, doravante, para denominar àqueles que fossem inferiores em termos mentais e culturais. Portanto, para o cristão, o "bárbaro" seria um tipo cultural específico que poderia ser caracterizado a partir de uma série de antíteses em relação à comunidade cristã.

E foram essas antíteses percebidas no decorrer do primeiro século da presença portuguesa no litoral sul-americano. Invariavelmente, ganhavam forma por meio da constatação da inépcia cultural das sociedades nativas: durante sua estadia na *Ilha*, o autor da *Relação do Piloto Anônimo* percebera que ali não havia ferro, nem qualquer outro tipo de metal.[9] Contudo, a supressão dessa deficiência técnica não seria recomendável, já que poderia trazer eventuais problemas aos cristãos. Em carta de 1553 o irmão Pero Correia deixou seu testemunho a esse respeito. Segundo o religioso:

8   Ver PAGDEN, Anthony. *La caída del hombre natural...* Particularmente o capítulo II, "La imagen del bárbaro".

9   ANÔNIMO. "Relação do Português Anônimo (1500)". In: *Brasil 1500...* Ver a p. 136.

Uma das coisas pelas quais os índios do Brasil são agora mais guerreiros e mais maus do que eram, é porque nenhuma necesidade têm das coisas dos cristãos, e têm as casas cheias de ferramentas, porque os cristãos andam de lugar em lugar e de porto em porto enchendo-os de tudo o que eles querem. E os índios que em outros tempos não tinham nada e que sempre morriam de fome, por não poder haver uma cunha com que fazer uma roça, têm agora quantas ferramentas e roças querem, e comem e bebem continuamente.[10]

Cinco anos antes da carta do religioso, o *Regimento de Tomé de Sousa* – instrumento jurídico que instituiu o Governo Geral no Brasil –, já decretava que em nenhuma hipótese se haveria de colocar à disposição dos gentios da terra do Brasil, "machados machadinhas foices de cabo redondo podões de mão cunhas nem facas pequenas de tachas e tesouras".[11] Ou seja, uma variedade de instrumentos utilizados na agricultura, mas que eventualmente poderiam se converter em armas fatais. O fundamento para tal resolução era a própria legislação do reino, que não admitia a concessão de "armas a mouros nem a outros infiéis porque de se lhe darem se

---

10 CORREIA, Pero. "Carta do Ir. Pero Correia [ao P. Simão Rodríguez, Lisboa]. S. Vicente, 10 de março de 1553". In: *Cartas dos primeiros jesuítas do Brasil*. Tomo 1. LEITE, Serafim (org.). São Paulo: Comissão do IV centenário da cidade de São Paulo, 1954, p. 445.

11 "Regimento de Tomé de Sousa (17 de dezembro de 1548)". In: DIAS, Carlos Malheiro; GAMEIRO, Roque; VASCONCELOS, Conselheiro Ernesto de. *História da colonização portuguesa do Brasil*. Edição monumental-comemorativa do primeiro centenário da independência do Brasil, vol. 3. Porto: Litografia Nacional, 1924, p. 348.

segue muito desserviço de nosso Senhor e prejuizo aos cristãos".[12] Note-se, portanto, que em um primeiro momento, o gentio americano ocupava um lugar semelhante aos mouros e outros infiéis na legislação da Coroa portuguesa. Desse modo, o que se verifica é que a perspectiva que se afirmava a respeito do nativo americano compreendia-o, de fato, como uma antítese do cristão.

A percepção antitética dos autóctones na América remete a um evidente não reconhecimento de seus bens culturais: cingida pela ignorância, a cultura indígena asseguraria, simultaneamente, a ação civilizadora e o empreendimento colonial.[13] Com efeito, se a expansão das monarquias católicas orientou-se pelo compromisso de cristianizar os povos que não tiveram oportunidade de fazer parte da congregação de fiéis, esta "ação civilizadora" demandou, por um lado, o reconhecimento de uma humanidade a ser congregada e, por outro, sua nulidade em termos culturais.

Esta nulidade direcionava a comparação entre os diferentes modos de vida em relação, o que reiterava a hierarquia entre os grupos sociais. Pero de Magalhães de Gândavo é eloquente nesse sentido ao descrever o *gentio* da Província de Santa Cruz e seus costumes:

> Não há entre eles nenhuma boa arte a que se dêem, nem se ocupam noutro exercício senão em granjear com seus pais o que hão de comer, debaixo de cujo amparo estão agasalhados até que cada um por si seja capaz de buscar sua vida sem mais esperarem heranças deles, nem legítimas de que enriqueçam, somente lhes pagam com aquela criação em que a natureza foi universal a todos os outros animais que

---

12 "Regimento de Tomé de Sousa...". In: *op. cit.,* p. 348.

13 AGNOLIN, Adone. *O apetite da antropologia, o sabor antropofágico do saber antropológico... Op. cit.,* p. 87 e seguintes.

não participam da razão. Mas a vida que buscam, e a granjearia de que todos vivem, é a custa de pouco trabalho, e muito mais descansada que a nossa.[14]

A "boa arte" da qual Gândavo nota a falta é, ao que parece, a prática da agricultura, naquilo que ela sugere enquanto atividade permanente, de cultivo estável. Em contraposição, o cronista propõe que o exercício comum entre o *gentio* é o granjeio para satisfação imediata do abastecimento cotidiano, "a custa de pouco trabalho, e muito mais descansada que a nossa": insinua-se, portanto, a predominância de um modelo de cultivo caracterizado pela esporadicidade, de importância apenas suplementar. O alcance dessa descoberta traz evidentes implicações: no âmbito desta sociedade, reproduz-se unicamente aquilo em que a natureza foi igualmente generosa para com todos os animais, mesmo àqueles que "não participam da razão". Ou seja, ao passo que não se verificava uma ação permanente e transformadora do mundo natural, as aquisições técnicas e culturais desta organização social tornavam-se pífias aos olhos do observador; o que era motivo suficiente para se colocar o problema da condição daquele homem.

Ora, tal como foi apontada oportunamente no capítulo precedente, a ideia cristã a respeito do papel desempenhado pelo homem na natureza, que vigorava no decorrer do século XVI era tributária de uma específica leitura da Bíblia, particularmente do *Antigo Testamento*: o mundo existia para o benefício exclusivo do homem. Essa ideia, marcante no cristianismo, fundamentava-se na crença da superioridade do homem em relação aos outros animais, bem como à própria natureza em seu conjunto. Tal noção afirmara-se no âmbito da ascensão do cristianismo primitivo e de sua necessidade de compreender a história da origem do homem como produto direto

---

14 GÂNDAVO, Pero de Magalhães. *A primeira história do Brasil...*, p. 142.

O pão e o vinho da terra   153

da intervenção divina. Com isso, fenômenos como a origem da linguagem, a domesticação dos animais e a invenção da agricultura, embora não estivessem claramente registrados no livro de *Gênesis*, deveriam ser simultâneos à criação do homem, uma vez que este fora concebido à imagem e semelhança de Deus.[15]

A afirmação da ideia da origem divina do homem, evidentemente religiosa, se contrapôs a uma concepção laica herdada da Antiguidade. A filosofia natural greco-romana propunha um esquema interpretativo a respeito das origens da humanidade, no qual os primeiros homens eram frequentemente descritos com poucas diferenças dos outros animais. Em geral caracterizados como brutos e selvagens que não possuíam vida social, acreditava-se que esses homens possuíam um regime alimentar à base de frutas silvestres e "bolotas". Essa categoria de homem, ainda muito rudimentar, não conhecia o uso da fala, nem o conhecimento técnico necessário para a elaboração de artefatos diversos. Desconhecia também outras artes, como a agricultura. Nesta cosmogonia laica, as origens do mundo e do homem eram concebidas como o resultado de um processo guiado pela lei da natureza, onde gradualmente, por meio da necessidade de encontrar resoluções para a vida cotidiana e de compartilhar experiências, este homem passou a viver em sociedade, para então adquirir bens culturais.[16]

Foi, portanto, em oposição a essa concepção "naturalista", que pensava o homem, em suas origens, no mesmo horizonte das feras e dos animais, que o cristianismo primitivo concebeu e identificou inúmeras características que pontuavam as diferenças existentes entre homens e bichos. Tais diferenças, em última instância,

---

15   Ver GOODRUM, Matthew R. "Biblical anthropology and the Idea of human prehistory in late antiquity". In: *History and Anthropology*, 2002, vol. 13 (2), p. 69-78. Ver também Gn 1, 26.

16   Ver *idem*. *Op. cit.*

assinalavam sempre a vantagem e a superioridade dos primeiros: o homem, criado à imagem e semelhança de Deus, era o pináculo da criação, uma vez que fora dotado de fala e, portanto, de razão; o homem caminhava ereto, o que lhe permitia reverenciar e contemplar o céu e a majestade divina; o homem possuía mãos hábeis para a realização de diferentes tarefas; o homem era o único que fazia uso do fogo. Foi por meio dessas evidências que se procurou garantir ao homem uma filiação divina, onde jamais teria existido em estado selvagem.[17]

Com isso, diante do problema das origens do homem, o cristianismo primitivo posicionou-se frente à concepção "pagã" naturalista na esperança de garantir ao passado da espécie humana maior coerência em relação aos ensinamentos da Sagrada Escritura, bem como reiterar o lugar privilegiado do homem na hierarquia da criação. No entanto, o pecado original persistia como propriedade intrínseca à humanidade. E a filosofia cristã tinha plena consciência disso.

Assim, a consideração de que em algum momento de seu passado a humanidade tivesse vivido de modo selvagem, desprovida de linguagem e carente de artefatos técnicos elementares não foi desconsiderada integralmente pelos primeiros filósofos da cristandade. Sobretudo ao passo que havia uma razão histórica para a crença de que os homens tivessem vivido um momento de barbárie, notadamente por sua degradação: Eusebius de Caesarea, por exemplo, sugerira que após a expulsão de Adão e Eva do Éden, a espécie humana se deteriorara e embrutecera.[18] Essa solução não apenas garantia para toda a humanidade seu natural pendor à razão e, portanto, o lugar que Deus lhe reservara, como também incorporava a possibilidade de sua degenerescência rumo à selvageria e à barbárie.

---

17   *Idem, ibidem.*

18   *Idem, ibidem.*

Assim, o que se nota é que a inépcia dos autóctones americanos frente ao mundo natural contrariava a convicção cristã da superioridade humana. Em função da necessidade de alinhar tal constatação ao lugar privilegiado que o homem deveria ocupar na hierarquia da criação divina, impunha-se a condição do nativo americano enquanto *ab origine*: uma vez que o Novo Mundo se manteve isolado durante séculos, seus habitantes conservaram-se distantes da Verdade, da Fé cristã e de seus benefícios culturais. Com isso, mesmo que, em algum momento de sua história, a Palavra lhes tenha sido revelada – seja por São Tomé, seja por Noé –, seu confinamento em relação à cristandade os levou à degeneração cultural em que se encontravam. Daí, por exemplo, o desalento do irmão António Blázquez, em carta de 1555, remetida a seus irmãos da Companhia de Jesus, em Coimbra:

> Oh meus caríssimos irmãos em Jesus Cristo, quantas lágrimas derramariam vossos olhos se vissem estas criaturas de Deus viver quase à maneira de bestas [...] Vendem-se uns aos outros estimando mais uma cunha ou podão que a liberdade de um sobrinho ou parente mais próximo que trocam por ferro, e é tanta sua miséria que às vezes se trocam por um pouco de farinha.[19]

Ora, tal como sugere João Adolfo Hansen, os textos produzidos no âmbito da ação missionária no decorrer do século XVI não compreendem os autóctones americanos como "outro cultural", mas sim como "o mesmo disforme"; "o 'índio' é como uma figura já

---

19   BLÁZQUEZ, António. "Carta do Ir. António Blázquez aos Padres e Irmãoes de Coimbra. Baía 8 de julho de 1555". In: *Cartas dos primeiros jesuítas do Brasil*. Tomo 2. LEITE, Serafim (org.). São Paulo: Comissão do IV centenário da cidade de São Paulo, 1954, p. 252.

conhecida refletida num espelho deformante e embaçado".[20] Segue-se, portanto, que o ponto de vista elaborado a respeito da condição do indígena encerrava um caráter funcional muito mais próprio à identificação do Ocidente cristão do que de aproximação efetiva e conhecimento do outro: o europeu cristão do século XVI reconheceu, na figura dos autóctones, a própria cristandade no momento imediatamente posterior à Queda.

Assim, o *plano* no qual se projetou o nativo foi o temporal: o americano surge como o produto intelectual de uma operação de caráter "histórico". Com efeito, ao passo que a história cumpre o papel de situar uma geração com respeito às gerações precedentes, não é menos verdade que ela possa atestar, simultaneamente, a autonomia e a dependência de um legado cujas proporções variam de acordo com os meios sociais, culturais, políticos e econômicos que, por sua vez, norteiam essa elaboração histórica: sem dúvidas, a história é, sempre, "dirigida por uma leitura do presente".[21]

Note-se que, no âmbito dos rituais que reproduzem e reiteram regras e ideologias intrínsecas às sociedades, as esferas do social, do cultural, do político e do econômico não se mostram absolutamente independentes entre si, mas, ao contrário, particularmente integradas. Nesse sentido, vale apontar que as refeições em comum são práticas permeadas dessas regulamentações que permeiam o corpo social. Daí a atenção dedicada por alguns cronistas do século XVI em descrever o modo de comer entre os nativos da América:

20　HANSEN, João Adolfo. "A escrita da conversão". In: COSTIGAN, Lúcia Helena (org.). *Diálogos da conversão: missionários, índios, negros e judeus no contexto ibero-americano do período barroco*. Campinas: Editora da Unicamp, 2005.

21　CERTEAU, Michel de. *A escrita da história*. Trad. Maria de Lourdes Menezes. Rio de Janeiro: Forense Universitária, 2000. Ver todo o capítulo I, "Fazer História". O trecho citado se encontra na p. 34.

O pão e o vinho da terra   157

Já fica dito como os principais dos tupinambás quando comem, estão deitados na rede, e como comem com eles os parentes, e os agasalha consigo; entre os quais comem também os seus criados e escravos, sem lhe terem nenhum respeito; antes quando o peixe ou carne não é que sobeje, o principal o reparte por quinhões iguais, e muitas vezes fica ele sem nada, os quais estão todos em cócoras, com a vasilha em que comem todos no chão no meio deles, e enquanto comem não bebem vinho, nem água, o que fazem depois de comer. Quando os tupinambás comem à noite, é no chão como está dito, e virados com as costas para o fogo, e ficam todos às escuras; e não praticam em coisa alguma quando comem, senão depois de comer; e quando têm quê, toda a noite não fazem outra coisa, até que os vence o sono; e por outra parte mantém-se este gentio com nada, e anda logo dois e três dias sem comer, pelo que os que são escravos dão pouco trabalho a seus senhores pelo mantimento, antes eles mantêm os senhores fazendo-lhes suas roças, e caçando, e pescando-lhes ordinariamente.[22]

Esta observação é marcadamente "histórica" – "histórica" no sentido acima apresentado, uma vez que cumpre a função específica de situar o observador em relação aos observados e descritos, a partir da consideração de que o modo de vida destes é homólogo ao de seus predecessores, ou seja, à medida que estes vivem de modo tão rudimentar quanto a humanidade viveu no momento posterior à expulsão do Éden. Por fim, no sentido de quem diz "Eu não

---

22   SOUSA, Gabriel Soares de. *Tratado descritivo do Brasil em 1587...*, p. 310.

sou isto"[23] – elaborada por Gabriel Soares de Sousa é, sem dúvida, orientada por esse meio social, cultural, político, econômico, enfim, contextual. Esta orientação pode ser sublinhada em ao menos dois momentos diferentes de sua fala.

O primeiro deles converge para o âmbito da hierarquia social, especialmente presente nas sociedades do Antigo Regime. Com efeito, o tratadista nota que entre os nativos – no caso, os tupinambás – a refeição é compartilhada, igualmente, pelos parentes, criados e escravos. Ora, na tradição das sociedades mediterrânicas sabe-se que o momento da comensalidade estimula a coesão dos grupos sociais, o que, em uma sociedade intensamente estratificada como era a do Antigo Regime, significa a coesão entre aqueles que pertencem a uma mesma esfera na hierarquia social. É providencial, nesse sentido, o que Allen F. Grieco afirmou a respeito da alimentação e das refeições ao final da Idade Média; "numa sociedade que se preocupa em explicar as diferenças sociais por toda espécie de meios, o tipo de alimentação permitia estabelecer uma segregação" e, diante disso, sugere que o valor social conferido aos alimentos pode revelar o "código social de que estes e as refeições eram investidos".[24] Portanto, o estranhamento de Gabriel Soares reside no fato de que, para ele, criados, escravos e "senhores" não deveriam comer juntos, nem a mesma comida, mas sim, estes últimos serem servidos pelos primeiros.

O segundo momento se reporta à sociabilidade. Observe-se que, de acordo com Gabriel Soares, os tupinambás "não praticam em coisa alguma quando comem, senão depois de comer". Ou seja, os nativos comem em silêncio. Enquanto no momento anterior o tratadista estranhava a indiferenciação social que caracterizava a

---

23 Ver CERTEAU, Michel de. *Op. cit.,* p. 56.

24 GRIECO, Allen F. "Alimentação e classes sociais no fim da Idade Média e na Renascença". In: FLANDRIN, J. L. e MONTANARI, M. *Op. cit.,* p. 468.

refeição dos indígenas quando, em seu horizonte, ela deveria contribuir para segregar o grupo, agora o que o autor retrata é a dispersão da sociabilidade numa ocasião que, em sua perspectiva, é tradicionalmente considerada e utilizada como instrumento de criação ou reconhecimento de laços sociais e políticos.

Tal como já foi apontado oportunamente no desenvolvimento deste estudo, tanto para os gregos quanto para aqueles povos que de algum modo foram herdeiros de sua cultura, a fala era intimamente relacionada ao exercício da razão. Segundo Massimo Montanari, tanto quanto a fala a comensalidade denotava, também, aptidão para a vida cívica:

> No sistema de valores elaborado pelo mundo grego e romano, o primeiro elemento que distingue o homem civilizado das feras e dos bárbaros [...] é a comensalidade: o homem civilizado come não somente [...] por fome, [...] mas também, [...] para transformar essa ocasião em um momento de sociabilidade, em um ato carregado de forte conteúdo social e de grande poder de comunicação.[25]

Nesse sentido, em termos mais precisos, é possível afirmar que tanto a fala quanto a comensalidade podem ser compreendidas como instrumentos políticos da mesma ordem: a da convivialidade. No início da Época Moderna, a fala seria, de fato, reconhecida como um instrumento político: Quentin Skinner ensina que a recuperação dos poetas, dos oradores e dos historiadores clássicos pelo humanismo italiano tornou mais íntima e intrínseca a relação entre

---

25 MONANARI, Massimo. "Sistemas alimentares e modelos de civilização". In: In: FLANDRIN, J. L. e MONTANARI, M. *Op. cit.,* p. 108.

"as 'ciências do falar e do governar bem'".[26] Diante disso, o que se pode sugerir é a existência de uma relação latente entre a ausência da fala no âmbito das refeições tupinambás e a ausência, entre eles, de ideias como fé, lei e rei, sistematicamente denunciada nos registros elaborados no decorrer do século XVI, e cuja ausência implicava a desordem na qual viviam.[27]

Essa desordem atribuída aos nativos reitera o plano temporal no qual eram incorporados os nativos americanos: o passado da humanidade. Não obstante, ainda que a autoridade da Bíblia fosse predominante para a compreensão coeva da história desde as origens da espécie humana – o que, necessariamente, localizava os autóctones americanos no momento que se seguiu à expulsão do Éden –, as formulações a seu respeito não se furtavam de uma concepção "naturalista", sobretudo à medida que se notava, entre eles, um modo de vida que obedecia à lei natural, particularmente no que toca a seu sistema de distribuição de alimentos.

A vida sob a "Lei Natural"

Tal como se vem demonstrando ao longo deste livro, a representação dos alimentos e hábitos alimentares se inscreve na dinâmica das relações e é responsável pela constituição de significativas diferenças culturais entre grupos sociais. Como já foi apontado anteriormente, ao longo da História as situações de convivialidade têm sido

26 SKINNER, Quentin. *As fundações do pensamento político moderno...*, p. 61.

27 Observe-se, por exemplo, a elaboração de Pero de Magalhães de Gândavo a respeito do *gentio*: "Carece de três letras, convém a saber, não se acha nela F, nem L, nem R, coisa digna de espanto, porque assim não tem Fé, nem Lei, nem Rei, e dessa maneira vivem desordenadamente, sem terem além disto conta, nem peso, nem medida. Não adoram a coisa alguma, nem têm para si que há depois da morte glória para os bons e pena para os maus" (GÂNDAVO, Pero de Magalhães. *Op. cit.*, p. 135 e 136).

O páo e o vinho da terra   161

fundamentais para a definição de papéis cívicos e políticos em diversas sociedades. Assim foi na Antiguidade com os banquetes entre os gregos ou romanos.[28] Isso não foi diferente na Idade Média, quando as refeições desempenhavam um papel fundamental para a confirmação de diferenças sociais.[29] E, tal como se viu no decorrer deste capítulo, com Gabriel Soares de Sousa, para o homem do século XVI a comensalidade também contribuía significativamente na demarcação das fronteiras entre os diferentes grupos que compunham uma sociedade.

Diante dessas múltiplas relações sociais que se estabelecem em função da alimentação, nota-se que sua conexão com a política é evidente. Em cada momento histórico, no âmbito de diferentes especificidades contextuais, a alimentação contribuiu para a definição de papéis políticos nas sociedades: assim como as situações de convivialidade, o controle da distribuição de alimentos também é um indício de poder político. Ora, falar em política é falar em vida civil e ordenação da sociedade. Assim, o senso comunitário que os cronistas do século XVI detectaram entre os autóctones americanos – particularmente nas situações em que os alimentos eram divididos – comportava um sentido profundo do papel que o homem cristão do século XVI atribuía a si mesmo, da ordenação de sua sociedade e da integração dos autóctones no âmbito dessa sociedade.

O erudito historiador João de Barros, donatário das capitanias do Maranhão – juntamente com Aires da Cunha – e do Rio Grande, assim descreveu a primeira missa celebrada na Terra de Santa Cruz em seu importante livro *Décadas da Ásia*:

---

28   Ver PANTEL, Pauline Schmitt. "As refeições gregas, um ritual cívico". In: FLANDRIN, J. L. e MONTANARI, M. *Op. cit.* e DUPONT, Florence. *Op. cit.*

29   Ver GRIECO, Allen F. *Op. cit.*

162   Rubens Leonardo Panegassi

> E naquela bárbara terra, nunca trilhada de povo cristão, aprouve a Nosso Senhor – pelos méritos daquele santo sacrifício, memória de nossa redenção – ser louvado e glorificado não somente por aquele povo fiel da armada, mas ainda pelo pagão da terra, o qual podemos crer estar ainda na lei da natureza.[30]

A consideração de que os nativos americanos vivem "ainda na lei da natureza" remete a uma concepção muito importante a respeito da ordenação da sociedade coeva. Entretanto, para situar tal consideração de modo adequado em seu contexto, não se pode deixar de enfrentar o fundamento de tal asserção. Com efeito, na tradição dos pensadores gregos, a doutrina da lei natural remetia à ideia de que a ordem política se afinava necessariamente à "ordem natural". Ou seja, a hegemonia dos princípios que orientavam o comportamento humano estava alinhada a uma ordem objetiva do cosmo.[31]

Entretanto, para o cristianismo, a ordem cósmica não mais coincidia com a ordem política, sobretudo na medida em que sua especificidade reside em se ter estabelecido como religião universal: é preciso lembrar que o vínculo na congregação de fiéis se dá pelo sacramento do batismo e não por herança de nascimento.[32] Com isso, toda diversidade cultural seria potencialmente cristã, desde

---

30   BARROS, João de. *Décadas da Ásia* (1552). In: *Brasil 1500...*, p. 426.

31   Ver PRODI, Paolo. *Uma história da justiça: do pluralismo dos foros ao dualismo moderno entre consciência e direito.* Trad. Karina Jannini. São Paulo: Martins Fontes, 2005, p 16 e 17.

32   De acordo com Nicola Gasbarro "a mensagem cristã é universalizável desde os Atos dos Apóstolos". Ora, uma vez que os *Atos dos Apóstolos* narra a atividade missionária de Paulo e Barnabé entre o gentio, note-se que sua universalidade encontra-se na possibilidade de conversão e, portanto, do batismo (Ver citação em GASBARRO, Nicola. "Missões: a civilização cristã em ação". In: *op. cit.*, p. 71. Conferir também nota 1, p. 494).

que se mostrasse inclinada para ser convertida. Ora, a conversão pode ser compreendida como a aceitação do evangelho anunciado por Jesus, cuja palavra passaria a ser paulatinamente identificada à própria legislação divina e, assim, coincidente com a lei natural.[33] Diante disso, percebe-se que, embora a lei natural jamais tenha se constituído como um corpo de preceitos e normas codificado a ser praticado pelos cristãos, ela se estabeleceu como um sistema ético abstrato que direcionava em termos morais toda decisão humana. Para Santo Tomás de Aquino, por exemplo, a lei natural, simultaneamente, conservava os princípios nos quais se sustentavam as relações entre o homem e o mundo ao seu redor, e governava todos os atos da sociedade.[34]

A lei natural se constituiu, portanto, como um instrumento que legitimava a primazia do comportamento cristão, bem como suas instituições políticas e sociais sem recorrer diretamente aos argumentos das Sagradas Escrituras – ainda que a ela se mantivesse submetida. Em sua forma mais simples pode ser compreendida como uma "luz" concedida a todos os homens – não somente os cristãos, mas também os pagãos –, que lhes permitia distinguir os princípios mais elementares para conduzir seu comportamento cotidiano, tal como o bem e o mal, o certo e o errado, enfim, permitia "ver" o mundo como ele "é" em sua "essência".[35]

Portanto, essa percepção elementar da própria "natureza" do mundo compunha a base dos códigos pelos quais toda humanidade deveria regular seu comportamento social: quando justa, qualquer lei e norma humana haveria de se originar nessa percepção elementar do mundo, ou seja, na lei natural. Isso seria válido não apenas

---

33 Ver PRODI, Paolo. *Op. cit.* Principalmente p. 24 e 25.

34 Ver PAGDEN, Anthony. *Op. cit.*, p. 94.

35 Ver *idem. Op. cit.*

para a legislação que condena os comportamentos desviantes mais evidentes como o crime, o roubo ou o adultério, mas também para o comportamento diário, que consiste em atitudes simples, tais como o modo de tratamento adotado entre os membros de um mesmo grupo, notáveis, principalmente, no âmbito dos ritos de sociabilidade.[36]

Essa dimensão da lei natural – sua presença no âmbito da sociabilidade autóctone – não escapou aos relatos produzidos no decorrer do século XVI. Em sua carta de 1549 destinada aos padres e seus irmãos jesuítas de Coimbra Manoel da Nóbrega escrevia que "em muitas coisas guardam a lei natural. Nenhuma coisa própria têm que não seja comum, e o que um tem há de repartir com os outros, principalmente se são coisas de comer, das quais nenhuma coisa guardam para outro dia, nem cuidam de entesourar riquezas".[37] Por sua vez, alguns anos depois, Pero de Magalhães Gândavo repetiria quase nos mesmos termos a descrição feita tanto pelo padre jesuíta, quanto pelo autor das *Décadas*. Ao descrever os costumes dos nativos da Província de Santa Cruz, Gândavo notou que:

> a vida que buscam, e granjearia de que todos vivem, é a custa de pouco trabalho, e muito mais descansada que a nossa; porque não possuem nenhuma fazenda, nem procuram adquiri-la como os outros homens, e assim vivem livres de toda cobiça e desejo desordenado de riquezas, de que as outras nações não carecem [...] Os mantimentos que plantam em suas roças, com que se sustentam, são [...] mandioca e milho zaburro. [...] Desta maneira vivem todos esses índios sem mais terem outras fazendas entre si,

---

36 Ver *idem. Op. cit.*, p. 95.

37 NÓBREGA, Manuel da. "Informação das Terras do Brasil ...". In: *op. cit.*, p. 143.

O pão e o vinho da terra   165

nem granjearias em que se desvelem; nem tampouco estados nem opiniões de honra, nem pompas para que as hajam mister; porque todos (como digo) são iguais, e em tudo tão conformes nas condições, que ainda nesta parte vivem justamente conforme à lei da natureza.[38]

Ora, tal como se pode observar, tanto o senso comunitário de igualdade quanto o desprendimento material ganham visibilidade, principalmente, por meio dos alimentos compartilhados entre os ameríndios: "São pobríssimos, nem têm coisa própria nem particular, antes comem em comum o que cada dia pescam e caçam",[39] escreveu o padre Juan de Azpicuelta Navarro em 1555. Com efeito, cada aspecto do comportamento humano poderia ser julgado e classificado como natural ou contranatural.

A organização do tempo social entre os nativos era, também, uma modalidade de comportamento que facilitava sua aproximação ao horizonte da lei natural. Observe-se que a associação dos horários destinados às refeições possui importância fundamental na estruturação da vida cotidiana entre as populações humanas: "as refeições são ao mesmo tempo 'produtoras de ritmos sociais' e balizadoras de eventos"[40] sugeriu oportunamente Virginia Utermohlen.

38 GÂNDAVO, Pero de Magalhães. *Op. cit.*, p. 144.

39 NAVARRO, Juan de Azpicuelta. "Carta do padre Juan de Azpicuelta Navarro aos padres e irmãos de Coimbra. Porto Seguro 24 de junho de 1555". In: *Cartas dos primeiros jesuítas do Brasil.* Tomo 2. LEITE Serafim (org.). São Paulo: Comissão do IV centenário da cidade de São Paulo, 1954.

40 UTERMOHLEN Virginia. "L'horaire des repas et les exigences biologiques". In: AYMARD, Maurice; GRIGNON, Claude; SABBAN, Françoise (direction). *Le temps de manger: alimentation, emploi du temps et rythmes sociaux.* Paris: Ed. de la Maison des sciences de l'homme: Institut national de la recherche agronomique, 1993, p. 55.

Portanto, é disso que resulta a apurada sensibilidade dos cronistas com relação a essa modalidade de evento entre os nativos americanos. Em seu *Tratados da terra e gente do Brasil*, o padre jesuíta Fernão Cardim assim se referia a respeito dos horários das refeições dos indígenas:

> este gentio come em todo o tempo, de noite e de dia, e a cada hora e momento, e como tem que comer não o guardam muito tempo, mas logo comem tudo o que têm e repartem com seus amigos, de modo que de um peixe que tenham repartem com todos, e têm por grande honra e primor serem liberais, e por isso cobram muita fama e honra, e a pior injúria que lhes podem fazer é terem-nos por escassos, ou chamarem-lho.[41]

Observe-se que Fernão Cardim aponta para a submissão do nativo às exigências do corpo, o que remete, sem dúvidas, à sua passividade frente aos imperativos da natureza. Com efeito, todos os povos que vivessem na "idade" da lei natural deveriam viver em paz com a natureza.[42] Por sua vez, havia uma correspondência simétrica entre a sujeição ao mundo natural e a organização da comunidade, principalmente no que tange à ausência de autoridade central:[43] segundo Stephen Mennell, a necessidade de preservar os gêneros alimentícios em função da possibilidade de uma futura escassez só é possível a partir do surgimento de um poder centralizado.[44] Daí a

---

41 CARDIM, Fernão. *Tratados da terra e gente do Brasil...*, p. 88

42 Ver PAGDEN, Anthony. *Op. cit.*, p. 82.

43 Sempre evidente pela falta de fé, lei e rei. Ver nota 89 do capítulo 1.

44 MENNELL, Stephen. "Les connexions sociogénétiques entre l'alimentation et l'organisation du temps". In: AYMARD, Maurice; GRIGNON, Claude;

menção de Cardim ao fato de que, quando há o que comer, "não o guardão muito tempo, mas logo comem tudo o que têm e repartem com seus amigos".

Desse modo, cumpre notar que a lei natural não deixa de incluir o autóctone no mesmo plano temporal em que ele fora inserido por meio do já mencionado (e não menos atuante) horizonte intelectual cristão: um passado que remetia à idade da inocência, onde não havia ganância, nem qualquer tipo de ambição exacerbada.[45] Ou seja, um lugar no tempo em que o homem vivia apenas da benevolência do mundo natural e dividia suas dádivas.

Contudo, se por um lado no interior dessa chave de leitura fundamentalmente cristã assinalava-se o caráter degenerado da cultura nativa – uma vez que era compreendida como *ab origine* –, por outro, sua familiaridade com a lei natural evidenciava uma predisposição inata à conversão – ao passo que, em última instância, essa familiaridade encerrava um processo denominado sindérese pelos escolásticos, e que pode ser entendida como a intuição indígena para distinguir o certo e o errado.[46]

Com efeito, a natureza foi instituída como parâmetro para definir o indígena. Seja para compreendê-lo em termos defectivos, seja para projetá-lo na infância do mundo, o que se verifica é uma operação que reduz o *outro* ao *mesmo* – tal como apontou Michel de Certeau –[47] e instaura uma oposição significativa em função da

---

SABBAN, Françoise (direction). *Op. cit.*

45 Evidente, por exemplo, na descrição dos nativos elaborada por Pero Vaz de Caminha ao lançar mão de uma instigante comparação: "A inocência dessa gente é tal, que a de Adão não seria maior" (CAMINHA, Pero Vaz de. "Carta de Pero Vaz de Caminha" (1500). In: *Brasil 1500...* p. 113).

46 Sobre a noção de sindérese ver: PAGDEN, Anthony. *Op. cit.,* p. 94 e HANSEN, João Adolfo. *Op. cit.,* p. 21.

47 Ver CERTEAU, Michel de. *Op. cit.,* p. 221.

necessidade do Ocidente cristão recolocar alguns princípios que orientam seu pensamento moral e sua visão de mundo na peculiaridade de sua experiência no continente americano.

Segundo Quentin Skinner havia dois postulados fundamentais que direcionavam o pensamento moral cristão no decorrer da Idade Média e ambos reiteram a atuação da providência divina no destino do homem: o primeiro deles prega que a deificação do papel desempenhado pela fortuna na vida dos homens nega o caráter benfazejo da providência divina. O segundo nega a primazia da atuação humana na edificação de seu próprio destino, uma vez que o mundo inteiro é governado pela ação do Criador.[48] Essa resignação, característica do cristianismo medieval deita raízes na filosofia estoica, principalmente na ideia de que a aceitação do destino é a raiz da felicidade.[49]

Assim como a mencionada "teoria da resignação", outros elementos da ética estoica foram incorporados pelo cristianismo. Sobretudo à medida que a aceitação do destino remetia a um conjunto de doutrinas que se efetivavam por meio do exercício constante da virtude. Por sua vez, a virtude era concebida como a autossuficiência necessária para que o homem pudesse se desprender dos bens externos.[50] Essa característica incompatibilidade da filosofia estoica com a riqueza e opulência material foi incorporada pelo

---

48 Ver SKINNER, Quentin. *Op. cit.,* p. 116.

49 Sobre o estoicismo, consultar o verbete "Estoicos". In: MORA, José Ferrater. *Dicionário de filosofia.* Tomo II (E-J). Trad. Maria Stela Gonçalves, Adail V. Sobral, Marcos Bagno, Nicolas N. Campanário. São Paulo: Edições Loyola, 2001, p. 912-916.

50 Ver "Estoicos". *Op. cit.*

O pão e o vinho da terra 169

cristianismo, principalmente em função do fato de que Jesus Cristo teria a optado por uma vida de pobreza radical.[51]

Por sua vez, a insistente necessidade de retornar à autoridade das Escrituras e de restabelecer uma Igreja mais apostólica e menos mundana foi a tônica dominante em algumas das correntes de pensamento reformistas que surgiram dentro do cristianismo ao longo da alta Idade Média. Um desses grupos, cuja proposta era atuar segundo o exemplo da Igreja primitiva, por meio da instauração de um modelo de vida baseado na mendicância e na pregação itinerante do evangelho foi o dos franciscanos, um movimento de caráter mendicante que surgiu ao longo do século XIII em oposição aos frequentes abusos clericais.[52] Seu "fundador", São Francisco de Assis, era proveniente de uma rica família de comerciantes e, após uma intensa experiência religiosa, abdicou de seus bens para se dedicar intensamente a uma vida pobre, similar à de Jesus Cristo.[53]

Tal desprendimento, particularmente característico do estoicismo, marcou o pensamento moral ao longo da alta Idade Média. Em vista disso, a pobreza franciscana foi considerada por alguns autores como a maior peculiaridade da Europa medieval,[54] cujo

---

51 Ver FILORAMO, Giovanni. *Monoteísmos e dualismos...* Capítulo III, "Cristianismo".

52 Sobre o reformismo no âmbito da Igreja ver SKINNER, Quentin. *Op. cit.* Principalmente o capítulo 11, "Os precursores do luteranismo". Conferir também FILORAMO, Giovanni. *Op. cit.* Capítulo III.

53 Para um breve histórico da vida de São Francisco de Assis, consultar PERRY, Marvin. *Civilização ocidental: uma história concisa*. Trad. Waltensir Dutra e Silvana Vieira. São Paulo: Martins Fontes, 1999, p. 180.

54 "O que poderia ser mais 'medieval' que o ideal franciscano de pobreza voluntária e renúncia ascética de bens mundanos, o ideal que, desde meados do século XIII, havia cativado todas as classes sociais de todos os povos europeus", se pergunta o historiador Hans Baron (BARON, Hans. "Franciscan poverty and civic wealth as factors in the rise of humanistic thought"..., p. 1).

"declínio" se verificaria com a ascensão do aristotelismo e uma concepção de vida mais materialista.[55] Contudo, a pobreza franciscana esteve presente no horizonte intelectual do homem do século XVI, marcadamente entre alguns cronistas que percorreram a América lusa no decorrer desse período, quando foi alçado a modelo descritivo em um ambiente marcado pela religião cristã e seus valores. Tal elaboração é notável na pena de Gabriel Soares de Sousa ao mencionar um talento especialmente presente entre os tupinambás:

> Têm estes tupinambás uma condição muito boa para frades franciscanos, porque o seu fato, e o quanto têm, é comum a todos os da sua casa que querem usar dele; assim das ferramentas, que é o que mais estimam, como das suas roupas, se as têm, e do seu mantimento; os quais, quando estão comendo, pode comer com eles quem quiser, ainda que seja contrário, sem lho impedirem nem fazerem por isso carranca.[56]

Com efeito, vale notar que o desenvolvimento da concepção moderna de vida política procurou conciliar as preocupações religiosas do cristianismo com a concepção aristotélica de vida civil. Por um lado, para o cristianismo, a questão da salvação da alma, advinda do ideário estoico e alcançável unicamente por meio do desapego ao mundo material, tido como exemplo máximo de virtude. Por outro lado, a concepção aristotélica de vida civil, orientada pela distinção de diferentes categorias humanas, cuja garantia do

---

55 Sobre a ascensão do pensamento aristotélico nos primórdios da Época Moderna é possível confrontar as diferentes perspectivas de Hans Baron (BARON, Hans. *Op. cit.*) e Quentin Skinner (SKINNER, Quentin. *Op. cit.*).

56 SOUSA, Gabriel Soares de. *Op. cit.,* p. 313.

exercício da cidadania era reservada unicamente àquela categoria que participasse do *oikuméne*.

Em última análise, é preciso notar que a menção de Gabriel Soares à condição tupinambá para frades franciscanos está profundamente alinhada a uma concepção política compatível tanto com a atividade missionária de conversão, quanto com o interesse da monarquia portuguesa de levar a efeito seu projeto de colonizar e cristianizar a região: a aparente vocação tupinambá ao sacrifício pelo bem comum[57] reitera a convicção de sua disposição para serem súditos da Coroa portuguesa – e, portanto, cristãos – no interior de uma estrutura social hierarquizada, na qual a moral cristã se impunha como normativa.

Com isso, a monarquia portuguesa, enquanto emissária do espírito religioso do Ocidente cristão, e diante de sua peculiar situação na América, colocava a si mesma um dos princípios que orientava a visão de mundo europeia: o dever moral de conduzir os povos bárbaros a ocuparem seu lugar no interior da congregação de fiéis.[58] Assim como uma criança, por sua imaturidade, deve ser bem educada por seus pais para alcançar autonomia moral, os nativos americanos, "por se encontrarem na infância do mundo", deveriam ser educados para atingir sua própria autonomia.[59]

---

57 "Esses homens não fazem guerra por cobiça de riquezas, nem menos para se assenhorar de províncias, porque tudo isso estimam muito pouco" escrevia Damião de Góis em sua Crônica do felicíssimo rei D. Manuel (GÓIS, Damião de. "Crônica do felicíssimo...". In: *Brasil 1500...*, p. 480).

58 Ver PAGDEN, Anthony. *Povos e impérios: uma história de migrações e conquistas, da Grécia até a atualidade*. Trad. Marta Miranda O'Shea. Rio de Janeiro: Objetiva, 2002.

59 São emblemáticas nesse sentido as palavras de Pero Vaz de Caminha: "Parece-me gente de tal inocência que [...] seriam logo cristãos, porque eles não têm nem entendem de nenhuma crença, segundo parece [...] se os degredados que

172   Rubens Leonardo Panegassi

O alinhamento das práticas autóctones a um quadro de referências normativo estimulava a comparação de diferentes sistemas de comportamento, o que conduzia ao estabelecimento de uma hierarquia classificatória entre os próprios nativos, onde a relação com os cristãos era o padrão de medida.[60] É possível observar, nesse sentido, a descrição elaborada pelo irmão António Rodrigues, onde os autóctones são classificados tanto em função de suas técnicas, quanto de suas relações com os cristãos:

> [...] chegamos perto do Maranhão e das Amazonas. Chegamos aos Paraís, gente lavradora, muito amigos dos cristãos [...] Passamos por outros gentios, dos quais não fizemos caso por não serem lavradores, a que chamam Pagais, os quais mataram nosso Governador Juan de Ayolas. Estes são pescadores e caçadores [...][61]

---

aqui hão de ficar aprenderem bem sua fala e os entenderem, não duvido, segundo a santa tenção de Vossa Alteza, fazerem-se cristãos, e crerem na nossa santa fé, à qual praza a nosso Senhor que os traga , porque, certo, esta gente é boa e de boa simplicidade, imprimir-se-á ligeiramente neles qualquer cunho que lhes quiserem dar" (CAMINHA, Pero Vaz de. "Carta ...". In: *op. cit.*, p. 109.)

60   Nessa perspectiva Charles R. Boxer notou que: "No início do século XVII, quando a expansão ibérica chegou ao apogeu na maioria das regiões, os invasores ocidentais geralmente qualificavam as culturas asiáticas como mais evoluídas, embora inferiores à do Ocidente cristão; em segundo lugar, classificavam as grandes civilizações do continente americano (astecas, incas e maias); em último, vinham os negros africanos junto com os índios caraíbas, tupis e outros 'selvagens' indomados do Novo Mundo" (BOXER, Charles R. *A igreja militante e a expansão ibérica: 1440-1770.* Trad. Vera Maria Pereira. São Paulo: Companhia das Letras, 2007, p. 62).

61   RODRIGUES, António. "Carta do Ir. António Rodrigues aos Padres e Irmãos de Coimbra. São Vicente 31 de maio de 1553", In: *Cartas dos primeiros jesuítas do Brasil.* Tomo 1..., p. 475.

O pão e o vinho da terra   173

Ao passo que essa atividade compunha um caminho essencial para a autodefinição da cristandade em sua relação com os povos americanos, havia a tendência de equalizar algumas diferenças culturais – tal como já foi apontado oportunamente no capítulo precedente na relação com o mundo natural – sem, contudo, abrir mão da superioridade cultural cristã. Se, por um lado, na pena do religioso, os lavradores podiam ser considerados *muito amigos dos cristãos*, por outro, despreza àqueles outros "por não serem lavradores". Ou seja, as condições materiais – nesse caso específico, o domínio das técnicas de produção de alimentos – podem facilitar a aproximação cultural, sem, contudo, eliminar o distanciamento.

De fato, isso se verifica especialmente no caso da relação com os índios tapuias, denominação genérica às nações indígenas que não falavam tupi e que eram "consideradas perigosamente selvagens".[62] Gabriel Soares relata que estes índios são "muito folgazões, e não trabalham nas roças, como os tupinambás, nem plantam mandioca, nem comem senão legumes".[63] Ora, o tratadista nota a inexistência do cultivo da mandioca entre os tapuias. Em seu horizonte cultural, isto equivale a dizer que a esta nação está vedado o acesso à modalidade local de pão. Com efeito, na perspectiva de Gabriel Soares – e na perspectiva cristã em geral – é possível afirmar, tal como sugeriu Noëlle Châtelet, que "o pão significa a vida; significa o alimento em geral; é o lugar simbólico de todo alimento".[64] Nesse sentido, o que se pode inferir das palavras do tratadista, é que os tapuias viviam condenados à escassez de alimentos, fato que reitera o caráter bestial do grupo: no imaginário social contemporâneo a

---

62   HEMMING, John. "Os índios do Brasil em 1500". In: BETHELL, Leslie. (org.). *Op. cit.,* p. 119.

63   SOUSA, Gabriel Soares de. *Op. cit.,* p. 339.

64   CHÂTELET, Noëlle. *La aventura de comer...,* p. 21.

"queda do homem na bestialidade constituiu um topos recorrente nos grandes frescos dramáticos das crises de falta de alimentos".[65] Com efeito, no âmbito dos ritos de sociabilidade e da distribuição de alimentos se inscreve um sistema de comunicação que permite ao cristão ocidental percorrer a alteridade americana a partir da comparação de diferentes sistemas de comportamento e, principalmente, incorporá-los no âmbito de uma hierarquia social cuja escala se define por meio da maior ou menor vocação destes para o cristianismo. Essa vocação estava inscrita no lugar ocupado pelo autóctone americano e caberia às monarquias católicas "despertar a 'originária perfeição' do selvagem",[66] no intento de cumprir seu dever histórico de dilatar a fé cristã.

Em suma, o que se verifica é que na perspectiva do europeu cristão do século XVI o homem era considerado, fundamentalmente, por aquilo que ele fazia – enfim, por sua prática. Tal como foi apontado no decorrer do capítulo anterior, a utilização do mundo natural configurava o paradigma da moralidade. Todavia, a presença da lei natural em todos os homens, fossem eles cristãos ou gentios, fundamentava a ideia do ecumenismo cristão, segundo a qual era possível existir uma comunidade que englobasse toda a humanidade. Por sua vez, a violação dessa lei poderia constituir o indício de que tal ideia não sucederia como se esperava, uma vez que o domínio sobre a "razão natural" não era efetivo. Daí a especial atenção destes para a "inconstância" dos nativos que, se num primeiro momento, confirmavam sua condição inata para o cristianismo ao adotar um modo de vida regrado por sua moral, no momento seguinte retomavam seus costumes gentílicos.

---

65 CAMPORESI, Piero. *O pão selvagem...*, p. 29.

66 AGNOLIN, Adone. *Op. cit.*, p. 104.

O pão e o vinho da terra   175

Entre o vício e a virtude

Se o passado da humanidade foi o lugar epistemológico reservado aos nativos da América pela Europa cristã do século XVI, vale notar que a instabilidade moral percebida entre estes povos não deixa de ser, também, o resultado de uma perspectiva fundamentalmente religiosa, dado o peso deste elemento no fenômeno da expansão europeia ao início da Época Moderna.

Para Charles R. Boxer, os descobrimentos marítimos ocorridos ao longo do século XV e conduzidos pelos países da Península Ibérica foram estimulados por uma mistura de fatores religiosos, econômicos, estratégicos e políticos. Para o caso de Portugal, Boxer menciona a existência de três bulas papais promulgadas no decorrer da vida do infante dom Henrique que revelam as ambições do reino lusitano e estabelecem as diretrizes que orientariam o comportamento europeu no mundo colonial. Segundo o autor, essas bulas dariam aos portugueses "sanção religiosa a uma atitude igualmente dominadora com relação a todas as raças que estivessem fora do seio da cristandade".[67] Com efeito, a expansão da monarquia portuguesa – o que não é menos verdadeiro para o caso da coroa castelhana – justificava-se pela expansão da fé cristã.

---

67 A primeira dessas bulas, intitulada *Dum diversas*, autorizava o monarca a submeter e se apropriar dos bens de "pagãos e outros infiéis inimigos de Cristo". A segunda bula, *Romanus Pontifex*, exaltava o zelo apostólico de dom Henrique e conferia-lhe a missão de "estabelecer contato por mar com os habitantes das Índias" no intuito de dar continuidade à luta contra os "inimigos da fé". A terceira bula, a *Inter caetera* concedia à Ordem de Cristo, instituição da qual dom Henrique era mestre, a "jurisdição espiritual sobre todas as regiões conquistadas pelos portugueses" (BOXER, Charles R. *O império marítimo português 1415-1825*. Trad. Anna Olga de Barros Barreto. São Paulo: Companhia das Letras, 2002. As citações encontram-se nas páginas 37 e 39).

Em termos concretos, essa união entre o poder eclesiástico e o poder temporal se efetivava por meio do exercício do Padroado real da Igreja no ultramar: em função do contexto político europeu contemporâneo, os papas da Renascença não demonstraram interesse imediato na evangelização dos povos encontrados nos mundos abertos pelas descobertas portuguesas e espanholas. Com isso, transferiram aos monarcas ibéricos a tarefa de converter os pagãos em troca da concessão de amplos benefícios. Assim, o Padroado constituiu-se como uma série de privilégios e deveres concedidos pelo papado às monarquias ibéricas que as responsabilizariam, doravante, pela tutela das missões e de outras instituições eclesiásticas nas regiões que então compunham seu império.[68]

Se a perspectiva religiosa estimulou a expansão marítima e a submissão dos inimigos infiéis por meio de sua jurisdição espiritual, não se pode negar que ela também norteou as primeiras percepções dos povos encontrados nas terras recém-descobertas: como foi apontado no capítulo precedente, a ritualidade nativa envolvida na utilização de certos gêneros disponíveis no mundo natural definia o valor moral – e, portanto, ético e religioso – de seu consumo.

Com efeito, a moral não apenas compõe o universo dos usos e costumes, mas também desempenha um papel fundamental na constituição de vínculos de solidariedade etnocêntricos. Se para esses vínculos convergiam sentidos e significados operados por grupos culturais imersos em sistemas de referenciais distintos, note-se que os significados produzidos só podem ser considerados "comuns" a ambos os grupos culturais em relação quando compreendidos como uma atribuição unilateral e duplamente enganosa: primeiramente porque descontextualiza os significados nativos desses usos por meio de um processo de "redução cultural"; como

---

68 Ver BOXER, Charles R. *Op. cit.* Principalmente o capítulo 10: "O Padroado da Coroa e as missões católicas".

O pão e o vinho da terra   177

decorrência desse "primeiro engano" advém a atribuição de um "valor" absolutamente excêntrico a essas práticas que, por sua vez, as caracterizam com um desvio a ser combatido.

Efetivamente, não apenas a tentativa de compreender o Novo Mundo (e o novo homem) a partir da utilização de velhos referenciais, mas também a instauração de paradigmas em função da necessidade de avaliar e correlacionar diferenças compôs um amplo quadro de mal entendidos culturais. Nesse sentido, a alimentação foi um dos pontos para onde convergiu boa parte desses desentendimentos. Portanto, em seus diversos aspectos, ela colaborou para que se definisse a imagem do outro.

A definição da alteridade é a consequência mais notória de um inevitável processo de "redução cultural", revelado, principalmente, na tentativa de enquadrar as diferenças mais evidentes no interior de um esquema intelectual produzido por uma experiência histórica específica, em função de outra realidade. Desse modo, o ecumenismo cristão encontrava-se acompanhado de um não menos atuante etnocentrismo, responsável pela revelação do mal a ser combatido, no caso, o pecado.

Diante disso, a inocência dos nativos americanos e a facilidade com a qual haveriam de se tornar cristãos, notada por Caminha, paulatinamente seria substituída em função das dificuldades encontradas na conversão. Nesse sentido, são representativas as palavras do irmão José de Anchieta a respeito dos índios aldeados em Piratininga:

> Estamos nesta nova povoação de catecúmenos chamada Piratininga, donde o Senhor por sua misericórdia e bondade infinita quer reduzir algumas destas ovelhas perdidas ao rebanho de sua Igreja, e isto não com pequeno trabalho [...] porque é esta gente tão indômita e bestial, que toda sua felicidade tem posta em matar e comer carne humana, do qual pela

bondade de Deus os temos apartado; e contudo têm tão arraigado o costume de beber e cantar seus cantares gentílicos, que não há remédio para os apartar de todo deles.[69]

Se, num primeiro momento, o índio americano era caracterizado por sua ingenuidade, agora o que se nota é a substituição dessa característica pela perversidade. Ora, tal como foi mencionado no decorrer deste capítulo, a lei natural compunha o sistema ético por meio do qual toda decisão humana deveria se pautar. Com isso, se estabelecia como a mediadora entre a inteligência divina – sempre identificada com a própria legislação de Deus – e a alma racional do homem. Nessa perspectiva, dizer que algo pertencia à lei natural era reiterar seu ajustamento perfeito à lei divina e, com isso, sua inerência a toda estrutura da criação. Qualquer conduta que, por ventura, não lograsse este fim era, por definição, uma violação da lei natural e, portanto, resultado de uma mente instável e desequilibrada.[70]

À medida que a religião atuava significantemente como mediador cultural na composição do caráter "cívico" do ameríndio, vale notar que ela haveria de se apoiar, ainda, em outros elementos de referência, cujo fundamento sócio-político fosse significativo. Desse modo, a percepção da instabilidade, bem como da bestialidade dos nativos americanos era reforçada por diversas práticas notadas por parte dos estrangeiros, particularmente pelos alimentos ingeridos. Tal como já foi mencionado, o tipo de alimento consumido por um indivíduo denunciava sua categoria social. Note-se, com isso, que as normas alimentares eram compreendidas como um indicativo

---

69 ANCHIETA, José de. "Carta do Ir. José de Anchieta ao P. Inácio de Loyola, Roma. São Paulo de Piratininga [1 de setembro de] 1554". In: *op. cit.*, p. 120.

70 Ver PAGDEN, Anthony. *Op. cit.* Principalmente o capítulo 4, "De esclavos de la naturaleza a hijos de la naturaleza".

O pão e o vinho da terra   179

preciso da capacidade de um homem reconhecer sua condição e conduzir-se como tal: não obstante o cristianismo tivesse anunciado a pureza de todos os alimentos, havia conveniências dietéticas que variavam de acordo com a qualidade do indivíduo.

Tais convenções dietéticas eram compostas por uma série de preceitos compartilhados pelo imaginário contemporâneo, que por sua vez, fundamentavam a natureza dos alimentos dentro de uma cadeia hierárquica intrínseca ao conjunto da criação divina. Nessa cadeia, as plantas e os animais criados por Deus ocupavam um lugar definido no interior de diferentes segmentos no âmbito de uma hierarquia que os revestia de valor social e, portanto, indicava o lugar ocupado por seu consumidor no interior da sociedade.[71]

Na base dessa hierarquia encontravam-se todos os gêneros vegetais terrestres, então considerados os mais desprezíveis dos alimentos. Por sua vez, quanto mais perto do solo estivesse o alimento, mais depreciado ele seria e mais desqualificados seriam seus consumidores. Assim, plantas cujo bulbo era a parte comestível e se encontrava abaixo da terra, como as cebolas e certos tipos de alho, eram consideradas as mais vis. Estas eram sucedidas por gêneros que possuíam as raízes comestíveis, tais como a cenoura e o nabo (e talvez fosse o caso da mandioca), considerados menos desprezíveis. Plantas como a couve e o espinafre, cujo alimento eram as folhas, estavam enquadrados no nível seguinte e, portanto, pertenciam a uma categoria de produtos mais nobres. Por fim, o grau mais alto do mundo vegetal era ocupado pelas frutas, uma vez que a maioria delas cresciam em arbustos ou árvores que, na maioria das vezes, se encontravam afastadas do solo. Com isso, quanto mais longe

---

71 Ver GRIECO, Allen F. *Op. cit.,* p. 472 e seguintes.

estivesse o fruto do chão, maior seria sua qualidade e mais elevada seria a categoria de quem o consumia.[72]

Nessa hierarquia, situados acima dos vegetais terrestres, encontravam-se os gêneros de origem marinha. Na base dessa categoria de alimentos estavam as esponjas, consideradas próximas das plantas. Acima delas, encontram-se os mexilhões e moluscos envoltos por conchas. Crustáceos como lagostas e camarões, ainda que rastejem no fundo do mar, ocupavam um lugar mais nobre que os precedentes. Contudo, eram inferiores às diversas espécies de peixes. Por sua vez, animais como golfinhos e baleias eram considerados os mais nobres para o consumo, uma vez que tendiam a nadar na superfície da água.[73]

Por fim, o espaço aéreo também oferecia seu cardápio. Nele, patos e gansos ocupavam o nível inferior, uma vez que viviam próximos à água. Frangos e capões estavam situados em um lugar mais privilegiado, visto que eram mais visivelmente aéreos. Por sua vez, os pássaros canoros pertenciam a um nível ainda superior a estes últimos, sendo considerados gêneros altamente refinados pela culinária tardo-medieval e renascentista.[74]

Evidentemente, esse critério de classificação não comportava todos os gêneros possíveis de serem consumidos. Em função disso, animais como os quadrúpedes, em geral, ficavam deslocados. Todavia, estes animais eram tidos por mais nobres que os gêneros advindos do mundo vegetal, sem, no entanto, alcançarem a mesma qualidade das aves. Entre os quadrúpedes, a carne de vitelo era considerada a mais refinada, sucedida pela de carneiro. Por sua vez, o

---

72 *Idem, op. cit.*

73 *Idem, ibidem.*

74 *Idem, ibidem.*

O pão e o vinho da terra   181

porco ocupava o escalão mais baixo, e seria particularmente desprezado caso sua carne fosse salgada.[75]

Com efeito, na Europa do início da primeira modernidade os alimentos eram revestidos de um valor externo, visivelmente inscritos e decodificados pelos indivíduos da época. Considerando a si mesma com o ápice da criação divina, esta sociedade entendia o mundo e todas as outras espécies que o habitavam como subordinadas a seus desejos. Portanto, em sua perspectiva, a categoria "alimento" estaria sempre limitada a organismos que vivessem em níveis inferiores que o do consumidor, ou seja, que o homem.

A crença de que esta ideia era inerente à própria estrutura da criação reforçava sua importância na objetivação de práticas desviantes, compreendendo-as como violação à própria lei divina. Se os autóctones americanos possuíam alguma vocação para pertencer à congregação de fiéis – afinal, antes de qualquer coisa, eram filhos de Deus e, ainda que vivessem na infância do mundo, eram naturalmente capazes de apreender os fundamentos da ética cristã – eles possuíam, igualmente, inclinação para hábitos inadequados e que deveriam ser combatidos, uma vez que apontavam sua tendência à degeneração: em relação à cadeia hierárquica na qual se inseriam

---

75 *Idem, ibidem.* É o caso de mencionar aqui, também, que a natureza da dieta específica de cada animal determinava sua comestibilidade, sendo que os animais mais usados como alimento eram os vegetarianos. Inclusive, se um animal normalmente carnívoro fosse nutrido com uma dieta vegetariana, podia, com isso, mudar de condição e se tornar comestível. Havia também um outro critério que avaliava a disposição do consumo de um animal quanto à sua importância para o trabalho: os animais indispensáveis para tarefas humanas não eram utilizados como alimento. Por fim, era comum a aversão em relação a comidas que guardassem demasiada semelhança com a carne humana, bem como forte objeção quanto ao consumo de animais nascidos da putrefação. (Estes assuntos já foram apresentados no decorrer desta pesquisa. Contudo, conferir THOMAS, Keith. *O homem e o mundo natural...*, p. 64-65).

os alimentos, era hábito largamente difundido entre os índios comer animais provenientes de esferas demasiadamente baixas, tais como lagartos, cobras, sapos e ratos. O próprio *pão da terra*, ainda que garantisse aos nativos sua humanidade, era produzido a partir da mandioca, gênero que pertencia ao reino das raízes subterrâneas, "ocultas e algo diabólicas".[76] Além disso, comiam animais como o macaco, notavelmente semelhantes ao homem.[77] Tudo isso compunha indício seguro do caráter degenerado dos habitantes da América: uma vez que adotavam um padrão de consumo pouco seletivo, isto revelava nitidamente sua incapacidade de reconhecer as divisões entre as espécies do mundo natural e a verdadeira finalidade de cada uma delas.[78]

Desse modo, a bestialidade do índio residia em sua incapacidade de reconhecer o ordenamento natural do mundo. E é sobretudo por meio da prática do canibalismo que a natureza humana é contrariada, tal como observou Gândavo ao descrever a morte que os nativos da Província de Santa Cruz dão aos seus cativos de guerra:

> Uma das coisas em que esses índios mais repugnam o ser da natureza humana, e em que totalmente parece que se extremam dos outros homens, é nas grandes e excessivas crueldades que executam em qualquer pessoa que podem ter às mãos, quando não seja de

---

76　STOLS, Eddy. "Gustos y disgustos en la confrontación y el intercambio alimenticios entre España y Flandres (siglos XVI y XVII)". In: CRESPO SOLANA, Ana y HERRERO SÁNCHEZ, Manuel (coordinadores). *España y las 17 provincias de los Países Bajos. Una revisión historiográfica (XVI-XVIII)*. Córdoba: Universidad de Córdoba; Ministerio de Asuntos Exteriores; Fundación Carlos de Amberes, 2002, p. 605.

77　Conferir o Capítulo I desta obra, sobretudo p. 58 e 59.

78　Ver PAGDEN, Anthony. *Op. cit.,* p. 126.

seu rebanho. Porque não tão somente lhes dão cruel
morte quando estão mais livres e desimpedidos de
toda paixão, mas ainda, depois disso, por se acaba-
rem de satisfazer, lhe comem todos a carne, usando
nessa parte de cruezas tão diabólicas, que ainda ne-
las excedem aos brutos animais que não têm uso de
razão, nem foram nascidos para obrar clemência.[79]

Anthony Pagden sugere que a prática do canibalismo incor-
ria em dois problemas: o primeiro deles remete ao fato de que, ao
comerem-se uns aos outros, os canibais não só estavam cometen-
do o pecado da ferocidade, uma vez que transgrediam a lei natural
por meio do assassinato. O segundo problema toca à violação das
divisões hierárquicas da criação: nenhum homem possui a outro
tão absolutamente para que possa usá-lo como alimento.[80] Nessa
perspectiva, vale lembrar que um organismo, para pertencer à categoria dos alimentos, deveria ocupar um nível inferior em relação
àquele que o come. Por isso, um homem não deveria se alimentar
da carne de outro homem, uma vez que ambos compartilhavam o
mesmo nível.

Enquanto prática antropofágica, o canibalismo não escapou à
experiência da Europa ocidental. Nas palavras de Piero Camporesi:

> Nunca saberemos quantas toneladas de carne huma-
> na foram consumidas na idade moderna, mas a exis-
> tência destes 'talhos' secretos está fora de discussão. É
> a clandestinidade que torna inqualificável este consu-
> mo que, aliás, bastante difundido, é confirmado indi-
> retamente por inúmeras histórias cheias de monstros,

---

79 GÂNDAVO, Pero de Magalhães. *Op. cit.*, p. 155.

80 Ver PAGDEN, Anthony. *Op. cit.*, p. 126.

de devoradores de carne de cristãos, de 'homens selvagens' e por episódios semelhantes freqüentes nos poemas de cavalaria dos séculos XV e XVI.[81]

O autor sustenta que nas sociedades do Antigo Regime, por serem marcadas pela escassez de alimentos, o sangue e a carne humana, possivelmente, não causassem tanta repugnância. Chega até mesmo a apontar a existência de um certo "elogio moderado à antropofagia".[82] Afinal, argumenta, "é preciso notar que na nutrição do homem o fator cultural tem um peso pelo menos igual ao fator alimentar puro e simples".[83]

Por sua vez, a figura do canibal enquanto resíduo etnocêntrico – ou seja, enquanto figura que está "para além dos limites da humanidade"[84] – há muitos anos habita o imaginário europeu. Ao menos desde o século XII é possível encontrar nas narrativas de viajantes a figura de monstros canibais, dotados de cabeça de cão, que se dedicavam às mais diversas e excêntricas depravações.[85] Contudo, segundo Frank Lestringant, o nome *canibal* deriva da palavra *caniba*, corruptela de *cariba*, termo autodesignativo utilizado pelos índios caribes das Pequenas Antilhas à época da chegada de Cristóvão Colombo na região.[86] A este nome teria sido associada a figura dos cinecéfalos – uma raça de homens fantásticos e monstruosos, transmitida "de maneira quase inalterada, de Plínio e Solino a Santo

---

81 CAMPORESI, Piero. *Op. cit.,* p. 51.

82 *Idem. Op. cit.,* p. 41.

83 *Idem, ibidem,* p. 54.

84 LEACH, Edmund. "Etnocentrismos". In: *Enciclopédia Einaudi,* vol. 5. Anthropos – Homem. Imprensa Nacional/Casa da Moeda, 1989, p. 139.

85 Ver LEACH, Edmund. *Op. cit.,* p. 139.

86 LESTRINGANT, Frank. *O canibal: grandeza e decadência.* Trad. Mary Lucy Murray Del Priore. Brasília: Editora UnB, 1997.

Agostinho e, mais tarde, aos 'Livros de etimologias' de Isidoro de Sevilha"[87] – e, doravante, concentraria em si "os maiores crimes da humanidade: incesto, infanticídio, endocanibalismo".[88] Sem dúvidas, esta figura criminosa correspondia a considerações políticas e econômicas bastante precisas, uma vez que justificava o massacre e o aprisionamento das populações nativas em função da demanda de mão de obra entre os colonizadores.[89]

Com efeito, tudo indica que o canibalismo era o "imperativo categórico" no âmbito da moralidade autóctone. E isto não passou desapercebido no decorrer dos primeiros anos das atividades missionárias. Em carta escrita em 1560, José de Anchieta mencionava a insuficiência da pedagogia jesuítica na formação moral dos indígenas:

> Dos jovens, que logo no princípio foram ensinados na escola nos costumes cristãos, cuja vida era diferente da de seus pais, tanto maior ocasião davam para louvar a Deus e receberem consolação, não queria fazer menção para não refrescar as chagas que parece estarem já curadas. Dos quais direi somente que quando chegaram aos anos de puberdade e começaram a poder consigo, vieram a tanta corrupção que tanto sobrepujam agora a seus pais em maldade quanto antes em bondade, com tanto maior desvergonhamento e desenfreiamento se dão às bebedeiras e luxúrias quanto com maior

---

87 *Idem. Op. cit.*, p. 28.

88 *Idem, ibidem*, p. 51.

89 Ver PAGDEN, Anthony. *Op. cit.* Principalmente o capítulo "El retórico y los teólogos: Juan Ginés de Sepúlveda y su diálogo, *Democrates secundus*". Conferir também LESTRINGANT, Frank. *Op. cit.*, p. 51 e 52.

modéstia e obediência se entregavam antes aos costumes cristãos e divinos ensinamentos.[90]

O escrito de Anchieta revela dois nítidos momentos da atividade missionária na terra do Brasil. O primeiro deles remete à credulidade dos missionários na intuição natural do indígena em diferenciar o certo e do errado: daí o papel da ação catequética, que deve "despertar" tal intuição e transformá-la em prática efetiva. Por sua vez, o segundo momento reporta ao desencanto que marcou a percepção dos jesuítas diante das dificuldades de levar a efeito a integração dos nativos na congregação de fiéis. Desencanto que os assistia na retomada dos antigos costumes com intensidade sem precedentes. Com efeito, o mal possuía uma raiz evidente na pena dos missionários:

> Estes nossos catecúmenos, de que nos ocupamos, parecem apartar-se um pouco dos seus antigos costumes, e já raras vezes se ouvem os gritos desentoados que costumam fazer nas bebedeiras. Este é o seu maior mal, donde lhes vêm todos os outros. De facto, quando estão mais bêbados, renova-se a memória dos males passados, e começando a vangloriar-se deles logo ardem no desejo de matar inimigos e na fome de carne humana. Mas agora como diminui um pouco a paixão desenfreada das bebidas, diminuem também necessariamente as outras nefandas ignomínias; e alguns são-nos tão obedientes que não se atrevem a

---

90 ANCHIETA, José de. "José de Anchieta ao P. Diego Laynes, Roma. S. Vicente, 01 de junho de 1560". In: *op. cit.*, p. 262.

beber sem nossa licença, e só com grande moderação
se a compararmos com a antiga loucura.[91]

Para Anchieta, o que se nota, é que a bebida é o maior dos peca-
dos: por meio das bebedeiras, os indígenas atualizavam sua memória e retornavam à prática dos maus hábitos. Daí a inconstância de
sua conduta: com a mesma facilidade que incorporavam as virtudes
ensinadas pelos missionários, no instante subsequente retomavam
seus antigos vícios. Desse modo, quando afastados da bebida, necessariamente se mantêm longe de suas "nefandas ignomínias". Se
o canibalismo remetia ao não reconhecimento da ordem natural
do mundo, evidentemente, eram as bebedeiras que "embaçavam"
a inata percepção da ética cristã entre a humanidade americana: a
natural tendência humana em perceber o "certo" e o "errado" era
ofuscada pela prática da antropofagia, entretanto, sua motivação
era a embriaguez excessiva.

Com efeito, tal como foi apontado no capítulo precedente, às
bebidas fermentadas era reservado um lugar central no complexo
guerreiro dos indígenas, especialmente entre os tupinambás e, por
sua vez, as guerras conservavam estreitas relações com a prática do
canibalismo. Para Eduardo Viveiros de Castro, "os materiais tupinambá sugerem [...] uma vinculação entre as festas de bebida e a
memória, mais especificamente a memória da vingança".[92] O antro-
pólogo sugere que teria sido mais difícil acabar com as bebedeiras
do que, propriamente, com o canibalismo. Para os nativos, o aspecto mnemônico das cauinagens compunha, de fato, um quadro de

---

91 ANCHIETA, José de. "José de Anchieta ao P. Inácio de Loyola, Roma. São
Vicente [fim de março] de 1555". In: *op. cit.,* p. 194.

92 VIVEIROS DE CASTRO, Eduardo. *A inconstância da alma selvagem – e outros
ensaios de antropologia.* São Paulo: Cosac Naify, 2002, p. 248.

"intoxicação pela memória": uma vez "bêbados, os índios esqueciam a doutrina cristã e lembravam do que não deviam".[93]

Diante disso, o que se nota é que as bebedeiras dos índios americanos foram uma prática fundamental para a valorização de sua natureza pela Europa cristã. A repetida visão de que, através da embriaguez, retomavam, em conjunto, seus costumes abomináveis, os condenava a um estágio inferior de humanidade. Tal condenação pautava-se pelo universo dos vícios e da corrupção moral, onde a embriaguez (bem como o uso de tinturas, as danças, a inspiração do fumo, as guerras, a antropofagia, o adultério e a poligamia) colaborava para compor o universo dos maus hábitos, que ganhavam um sentido alterado por meio da "descontextualização cultural dessas ações no que diz respeito ao seu contexto ritual"[94] nativo.

Com efeito, a tônica dessa relação era reduzir ao pecado as práticas divergentes da ética e da moral cristã, sobretudo à medida que esta encontrava no ascetismo um ideal. Desse modo, o desregrado consumo de bebidas seria combatido como o próprio demônio: na dinâmica das relações interculturais, a alimentação – assim como as práticas a ela associadas – permitia que uma sociedade pudesse não apenas compor sua representação de mundo, mas, também, sua representação do *outro*.

Com efeito, no novo continente, a alimentação foi um ativo mediador das relações humanas que, doravante, se estreitariam. Situada sempre no limiar de universos culturais distintos, para ela convergiam usos e significados variados. Os relatos e as descrições elaborados ao longo do século XVI que, de algum modo, se detiveram sobre a cultura alimentar nativa, revelam o esforço europeu

---

93 VIVEIROS DE CASTRO, Eduardo. *Op. Cit.*, p. 250.

94 AGNOLIN, Adone. *Op. cit.*, p. 110.

em decodificar os diferentes usos e significados locais à luz de suas tradicionais categorias mentais.

Vale notar que esse tipo de reação entre os europeus contribuiu, definitivamente, para se confirmar a unidade do gênero humano. No entanto, a confirmou em seus próprios termos, ou seja, a partir da elaboração de um tipo cultural distinto, caracterizado por uma série de antíteses em relação aos cristãos. Ainda que antitético esse tipo cultural possuía notável vocação ao cristianismo, aptidão sempre evidente em alguns aspectos da natureza de seu comportamento. Um comportamento que também poderia ser revestido de um aspecto bestial e, desse modo, cumprir uma dupla função: por um lado reiterava o interesse em atraí-los para o interior da congregação de fiéis e, por outro, reforçava a necessidade de dominá-los.

Conclusão

Não se pode questionar a importância material da alimentação para as sociedades humanas. Sem dúvidas ela colabora de modo influente na organização da vida cotidiana, ao passo que é um de seus elementos de base: não foi por outro motivo que pôde se constituir, em muitas oportunidades, como fonte de prestígio social e poder. Desse modo, a formação histórica das representações de mundo intrínsecas aos mais diversos grupos sociais se articula, de algum modo, à alimentação, seja por sua presença, seja por sua ausência.

Dizer representação de mundo é dizer a imagem que se faz do mundo. Vale notar que esta imagem é, sempre, contextual e, portanto, histórica e cultural. Contudo, é também conhecimento acumulado e transmitido através de gerações afins. É um produto que resulta daquilo que se adquire por si em relação àquilo que se herda: ninguém nunca esteve sozinho no mundo e, por isso, ninguém inventou nada. Entretanto, em alguns momentos a solidão é maior e, daí, a necessidade de inventar vem à tona: possivelmente, a Europa do século XVI tenha sido um continente solitário a viver um século não menos solitário e, por isso, inventou a América. E a inventou quase que por oposição a ela mesma: sempre imperfeita, talvez a América esteja destinada, nessa perspectiva, a ser uma Europa deficiente.

Esta pesquisa procurou abordar o tema da alimentação em uma perspectiva cultural, na tentativa de estudá-la à luz do conhecimento histórico. Diante disso, tratou de agentes históricos que, em uma situação histórica, produziram realidade histórica, ou seja, cronistas e narradores que registraram a experiência europeia no continente americano ao longo do século XVI e conceberam um mundo a ser tutelado por si e amparado pelos benefícios (e bênçãos) da civilização cristã.

Devido a sua importância, a alimentação pode ser revestida dos mais diversos aspectos simbólicos em função de diferentes contextos: ocasionalmente, ela é capaz de representar o corpo ou o sangue de uma entidade extra-humana; pode, também, revelar as diferentes categorias sociais envolvidas em um ritual de comensalidade a partir daquilo que cada um dos participantes come ou deixa de comer; ou, ainda, vir a ser uma evidência das características místicas de algum sujeito que dela se abstém.

É principalmente por esses aspectos simbólicos da alimentação que seu papel mediador entre dois universos culturais está garantido: a observação e a descrição das terras e gentes da América pelos cronistas cristãos no início da Época Moderna não deixou de notar os alimentos disponíveis na terra, os tipos de alimentos, assim como as modalidades de produção e consumo mais usuais desses gêneros entre os habitantes nativos. Tudo isso, note-se, por meio de categorias cuja função era articular as evidentes novidades com os tradicionais recursos intelectuais.

Por sua vez, esses recursos intelectuais encontravam-se imbuídos de um atuante ecumenismo: os cronistas europeus nunca duvidaram da humanidade dos povos nativos do novo continente.

Ainda que não totalmente conscientes dos mistérios de sua existência, os ameríndios eram homens. Afinal, antes de tudo, comiam pão: indício mais que suficiente de sua humanidade. Muito embora esse pão fosse tão imperfeito quanto sua humanidade, eles o comiam. E não apenas eram comedores de pão, mas possuíam, à sua disposição, gêneros diversos, provenientes de uma terra que, se não era de fato o paraíso, ao menos remetia a ele em diversas circunstâncias: não é pela natureza que se pode chegar ao Criador? O homem não foi feito à imagem e semelhança de Deus? Para ambas as perguntas a resposta haveria de ser, necessariamente, sim. Com isso, a alteridade radical nunca existiu.

Note-se que, se a trajetória histórica do Ocidente cristão não permitiu a existência de uma alteridade radical, por outro lado, as diferenças culturais eram sempre evidentes, e justificavam o papel protetor reivindicado pela cristandade. E, aqui, os hábitos alimentares, bem como as modalidades de consumo eram prova disso: no âmbito das sociedades "tradicionais", como aquelas que existiam ao início da Época Moderna, o papel desempenhado pelos usos e costumes no estabelecimento de vínculos de solidariedade etnocêntricos exercia ação definitiva e, em função disso, a alimentação era um atuante mediador cultural para a construção de diferenças.

Com efeito, o mais evidente nos registros coevos é, sem dúvidas, uma "incoerente" extensão entre o homem e a natureza americana: ao mesmo tempo em que se notava a vocação dos nativos para participar da congregação de fiéis, notava-se, também, sua evidente inclinação ao vício e ao pecado, principalmente em função de suas utilizações da natureza. E entre os dois extremos, em muitos casos, a alimentação era um significativo denominador comum.

Fontes

ACOSTA, José de. *Historia natural y moral de las Indias*. México: Fundo de Cultura Económica, 1962.

Actas da Câmara Municipal da vila de Santo André da Borda do Campo. São Paulo: Prefeitura Municipal, 1914.

ANCHIETA, José de. *Poesias*. Belo Horizonte/São Paulo: Itatiaia/ Edusp, 1989.

A Regra de São Bento. Rio de Janeiro: Edições Lumen Christi, 1980.

AMADO, Janaína; FIGUEIREDO, Luiz Carlos. *Brasil 1500: quarenta documentos*. Brasília/São Paulo: Editora UnB/Imprensa Oficial do Estado de São Paulo, 2001.

CAMÕES, Luís de. *Os Lusíadas*. São Paulo: Editora Nova Cultural, 2002.

CARDIM, Fernão. *Tratados da terra e gente do Brasil*. Belo Horizonte/ São Paulo: Itatiaia/Edusp, 1980.

NAVARRO, Azpicuelta e outros. *Cartas avulsas, 1550-1568*. Belo Horizonte/São Paulo: Itatiaia/Edusp, 1988.

LEITE, Serafim (org.). *Cartas dos primeiros jesuítas do Brasil*. 3 Tomos. São Paulo: Comissão do IV centenário da cidade de São Paulo, 1954.

GÂNDAVO, Pero de Magalhães. *A primeira história do Brasil: história da província Santa Cruz a que vulgarmente chamamos Brasil*. Rio de Janeiro: Zahar, 2004.

LÉRY, Jean de. *Viagem à terra do Brasil*. Trad. Belo Horizonte/São Paulo: Itatiaia/Edusp, 1980.

GARCIA, Rodolfo. *Primeira visitação do Santo Officio ás partes do Brasil pelo licenciado Heitor Furtado de Mendonça. Denunciações de Pernambuco, 1593-1595*. São Paulo: Paulo Prado, 1929.

VITERBO, Francisco M. de Sousa. *Trabalhos náuticos dos portugueses, séculos XV e XVI*. São Paulo: S.N., 1922.

SAHAGÚN, Bernardino de. *Historia general de las cosas de Nueva España*. México: Porrúa, 1989.

SOUSA, Gabriel Soares de. *Tratado descritivo do Brasil em 1587*. São Paulo: Companhia Editora Nacional, 1987.

STADEN, Hans. *Hans Staden: primeiros registros escritos e ilustrados sobre o Brasil e seus habitantes*. São Paulo: Editora Terceiro Nome, 1999.

O pão e o vinho da terra   197

Referências bibliográficas

AGNOLIN, Adone. *O apetite da antropologia, o sabor antropofágico do saber antropológico: alteridade e identidade no caso Tupinambá.* São Paulo: Associação Editorial Humanitas, 2005.

ALGRANTI, Leila Mezan. "Famílias e vida doméstica". In: SOUZA, Laura de Mello e (org.). *História da vida privada no Brasil: cotidiano e vida privada na América portuguesa.* São Paulo: Companhia das Letras, 1997.

ASSUNÇÃO, Paulo de. *A terra dos Brasis: a natureza da América portuguesa vista pelos primeiros jesuítas (1549-1596).* São Paulo: Annablume, 2000.

BARON, Hans. "Franciscan poverty and civic wealth as factors in the rise of humanistic thought". In: *Speculum. A journal of mediaeval studies,* vol. 13, n° 1, jan. 1938, p. 1-37.

BARTHES, Roland. *Sade, Loyola, Fourier.* Caracas: Monte Avila Editores, 1977.

BOSI, Alfredo. *Dialética da colonização.* São Paulo: Companhia das Letras, 1992.

BOXER, Charles R. *A igreja militante e a expansão ibérica: 1440-1770.* São Paulo: Companhia das Letras, 2007.

_____. *O império marítimo português 1415-1825.* São Paulo: Companhia das Letras, 2002.

BRAGA, Isabel M. R. Mendes Drumond. *Do primeiro almoço à ceia.* Sintra: Colares Editora.

BRAUDEL, Fernand. *Civilização material, economia e capitalismo, séculos XV-XVIII. As estruturas do cotidiano: o possível e o impossível.* Trad. Telma Costa. Lisboa: Teorema.

_____. *Civilização material, economia e capitalismo: séculos XV-XVIII. O tempo do mundo.* São Paulo: Martins Fontes, 1996.

_____. *Gramática das civilizações.* São Paulo: Martins Fontes, 2004.

_____. "Vie matérielle et comportements biologiques". In: *Annales* E.S.C., vol. 16, nº 3, 1961, p. 545-459.

BURGUIÈRE, André. "A antropologia histórica". In: LE GOFF, Jacques. *et alii* (org.). *A história nova.* São Paulo: Martins Fontes, 1988.

CAMPORESI, Piero. *O pão selvagem.* Lisboa: Editorial Estampa, 1990.

CARNEIRO, Henrique. *Comida e sociedade: uma história da alimentação.* Rio de Janeiro: Campus, 2003.

_____. *Filtros, mezinhas e triacas. As drogas no mundo moderno.* São Paulo: Xamã, 1994.

CASCUDO, Luis da Camara. *História da alimentação no Brasil.* Belo Horizonte/São Paulo: Itatiaia/Edusp, 1983.

CERTEAU, Michel. *A escrita da história.* Rio de Janeiro: Forense Universitária, 2000.

CHÂTELET, Noëlle. *La aventura de comer.* Madrid: Ediciones Júcar, 1985.

CORTONESI, Alfio. "Cultura de subsistência e mercado: a alimentação rural e urbana na baixa Idade Média". In: FLANDRIN, Jean-Louis e MONTANARI, Massimo. *História da alimentação.* São Paulo: Estação Liberdade, 1998.

CUCHE, Denys. *A noção de cultura nas ciências sociais.* T Bauru: Edusc, 2002.

DELUMEAU, Jean. *O que sobrou do paraíso?* São Paulo: Companhia das Letras, 2003.

DIAS, Carlos Malheiro; GAMEIRO, Roque; VASCONCELOS, Conselheiro Ernesto de. *História da colonização portuguesa do Brasil.* Edição monumental-comemorativa do primeiro centenário da independência do Brasil, vol. 3. Porto: Litografia Nacional, 1924.

Estudos Históricos: Alimentação. Rio de Janeiro: Fundação Getulio Vargas, nº 33, 2004.

O pão e o vinho da terra   199

FERNANDES, Florestan. *A função social da guerra na sociedade tupinambá*. São Paulo: Globo, 2006.

_____. "Antecedentes indígenas: organização social das tribos Tupis". In: HOLANDA, Sérgio Buarque de; CAMPOS, Pedro Moacyr. *História geral da civilização brasileira*. Tomo I. A época colonial. Do descobrimento à expansão territorial. São Paulo: Difel, 1981.

FERNÁNDEZ-ARMESTO, Felipe. *Comida: uma história*. Rio de Janeiro: Record, 2004.

_____. *The Americas: a hemispheric history*. Nova York: Modern Library Edition, 2003.

FERRO, João Pedro. *Arqueologia dos hábitos alimentares*. Lisboa: Publicações Dom Quixote, 1996.

FILORAMO, Giovanni. *Monoteísmos e dualismos: as religiões de salvação*. São Paulo: Hedra, 2005.

FLANDRIN, Jean-Louis. "A distinção pelo gosto". In: CHARTIER, Roger. *História da vida privada, 3:* da Renascença ao Século das Luzes. São Paulo: Companhia das Letras, 1991.

_____. "Os Tempos modernos". In: FLANDRIN, Jean-Louis e MONTANARI, Massimo. *História da alimentação*. São Paulo: Estação Liberdade, 1998.

FLICHE, Augustin; MARTIN, Victor (org.). *Histoire de l'Église depuis les origines jusqu'à nos jours. De la paix constantinienne à la mort de Théodose*. Paris: Bloude & Gay, 1945.

FLORESCANO, Enrique. *Memoria mexicana*. México: Fundo de Cultura Económica, 2002.

FOUCAULT, Michel. *As palavras e as coisas: uma arqueologia das ciências humanas*. São Paulo: Martins Fontes, 1999.

FREYRE, Gilberto. *Casa-grande & senzala: formação da família brasileira sob o regime da economia patriarcal*. Rio de Janeiro: José Olympio, 1978.

GADE, Daniel W. "South America". In: KIPLE, Kenneth F. and
ORNELAS, Kriemhild Coneè. *The Cambridge world history of food.*
Cambridge: Cambridge University Press, 2000.

GARNSEY, Peter. "As razões da política: aprovisionamento alimentar
e consenso político na Antigüidade". In: FLANDRIN, Jean-Louis;
MONTANARI, Massimo. *História da alimentação.* São Paulo:
Estação Liberdade, 1998.

GASBARRO, Nicola. "Missões: a civilização cristã em ação". In:
MONTERO, Paula (org.). *Deus na aldeia: missionários, índios e mediação cultural.* São Paulo: Globo, 2006.

GOODRUM, Matthew R. "Biblical anthropology and the Idea of human prehistory in late antiquity". In: *History and Anthropology,*
2002, vol. 13 (2), p. 69-78.

GRIECO, Allen F. "Alimentação e classes sociais no fim da Idade Média e
na Renascença". In: FLANDRIN, Jean-Louis; MONTANARI, Massimo.
História da alimentação. São Paulo: Estação Liberdade, 1998.

GRIMAL, Pierre. *Dicionário da mitologia grega e romana.* Rio de
Janeiro: Bertrand Brasil, 1993.

GRIVETTI, Louis E. "Wine: the food with two faces". In: MC GOVERN,
E. Patrick; FLEMING, Stuart J.; KATZ, Salomon H. *The origins
and ancient history of wine.* Pennsylvania: Gordon and Breach
Publishers, 2000.

GRUZINSKI, Serge. "Les mondes mêlés de la Monarchie Catholique et
autres 'connected histories'". *Annales HSS.* janvier-février 2001. n°
1, p. 85-117.

HANSEN, João Adolfo. "A escrita da conversão". In: COSTIGAN, Lúcia
Helena (org.). *Diálogos da conversão: missionários, índios, negros e
judeus no contexto ibero-americano do período barroco.* Campinas:
Editora da Unicamp, 2005.

HAUSSMANN, Giovanni. "Cultivo". In: *Enciclopédia Einaud,* vol. 16. Homo-Domesticação/Cultura material. Lisboa: Imprensa Nacional/Casa da Moeda, 1989.

História: Questões & Debates. Dossiê: História da Alimentação. Curitiba: Editora UFPR, n° 42, 2005.

HOLANDA, Sérgio Buarque de. "A instituição do governo-geral". In: HOLANDA, Sérgio Buarque de.; CAMPOS, Pedro Moacyr. *História geral da civilização brasileira.* Tomo I. A época colonial. Do descobrimento à expansão territorial. São Paulo: Difel, 1981.

_____. "As primeiras expedições". In: HOLANDA, Sérgio Buarque de.; CAMPOS, Pedro Moacyr. *História geral da civilização brasileira.* Tomo I. A época colonial. Do descobrimento à expansão territorial. São Paulo: Difel, 1981.

_____. *Raízes do Brasil.* São Paulo: Companhia das Letras, 1995.

_____. *Visão do paraíso: os motivos edênicos no descobrimento e colonização do Brasil.* São Paulo: Brasiliense/Publifolha, 2000.

JOHNSON, J. B. "A colonização portuguesa do Brasil, 1500-1580". In: BETHELL, Leslie (org.). *História da América Latina.* A América Latina Colonial I, vol. 1. São Paulo/Brasília: Edusp/Fundação Alexandre Gusmão, 1998.

KARASCH, Mary. "Manioc" In: KIPLE, Kenneth F.; ORNELAS, Kriemhild Coneè. *The Cambridge world history of food.* Cambridge: Cambridge University Press, 2000.

KLIBANSKY, R.; PANOFSKY, E. *et* SAXL, Fr. *Saturne et la mélancolie. Études historiques et philosophiques: nature, religion, médicine et art.* Traduit par Fabienne Durand-Bogaert et Louis Évrard. Paris: Gallimard, 1989.

LEACH, Edmund. "Etnocentrismos". In: *Enciclopédia Einaudi,* vol. 5. Anthropos – Homem. Lisboa: Imprensa Nacional/Casa da Moeda.

LE GOFF, Jacques. "Antigo /Moderno". In: *História e memória*. Campinas: Editora da Unicamp, 2003.

_____. *O maravilhoso e o quotidiano no ocidente medieval*. Lisboa: Edições 70, 1985.

LESTRINGANT, Frank. *O canibal: grandeza e decadência*. Brasília: Editora UnB, 1997.

LIPPI, L. "A conquista do espaço: sertão e fronteira no pensamento brasileiro". In: *História, Ciências, Saúde – Manguinhos*. Rio de Janeiro: Fundação Oswaldo Cruz, vol. V (suplemento), jul. 1998, p. 195-215.

LOCKHART, James; SCHWARTZ, Stuart B. *A América Latina na época colonial*. Rio de Janeiro: Civilização Brasileira, 2002.

LONGO, Oddone. "A alimentação dos outros". In: FLANDRIN, Jean-Louis; MONTANARI, Massimo. *História da alimentação*. São Paulo: Estação Liberdade, 1998.

MAGALHÃES, Sônia Maria de. *A mesa de Mariana: produção e consumo de alimentos em Minas Gerais (1750-1850)*. São Paulo: Annablume/Fapesp, 2004.

MAGASICH-AIROLA, Jorge; BEER, Jean-Marc de. *América Mágica: quando a Europa da Renascença pensou estar conquistando o Paraíso*. São Paulo: Paz e Terra, 2000.

MARVIN, Perry. *Civilização ocidental: uma história concisa*. São Paulo: Martins Fontes, 1999.

MAURIZIO, A. *Histoire de l'alimentation végétale depuis la pré-histoire jusqu'à nos jours*. Paris: Payot, 1932.

MAZZINI, Innocenzo. "A alimentação e a medicina no mundo antigo". In: FLANDRIN, Jean-Louis; MONTANARI, Massimo. *História da alimentação*. São Paulo: Estação Liberdade, 1998.

MAZZOLENI, Gilberto. *O Planeta Cultural: para uma Antropologia Histórica*. São Paulo: Edusp/Instituto Italiano di Cultura di San Paolo/Instituto Cultural Ítalo-Brasileiro, 1992.

MCCORRISTON, Joy. "Wheat". In: KIPLE, Kenneth F.; ORNELAS, Kriemhild Coneè. *The Cambridge world history of food*. Cambridge: Cambridge University Press, 2000.

MELLO, Evaldo Cabral de. *Olinda restaurada: guerra e açúcar no Nordeste, 1630-1654*. Rio de Janeiro/São Paulo: Forense/ Universitária/Edusp, 1975.

_____. *Um imenso Portugal: história e historiografia*. São Paulo: Editora 34, 2002.

MENESES, Ulpiano T. Bezerra de; CARNEIRO, Henrique. "A História da Alimentação: balizas historiográficas". In: *Anais do Museu Paulista – História e cultura material*. São Paulo: USP, vol. 5, jan./ dez. 1997, p. 9-91.

MENNELL, Stephen. *All manners of food: eating and taste in England and France from the Middle Ages to the present*. Illinois: University of Illinois Press, 1996.

_____. "Les connexions sociogénétiques entre l'alimentation et l'organisation du temps". In: AYMARD, Maurice; GRIGNON, Claude; SABBAN, Françoise (direction). *Le temps de manger: alimentation, empli du temps et rythmes sociaux*. Paris: Editora de la Maison des sciences de l'homme: Institut national de la recherche agronomique, 1993.

MONTANARI, Massimo. *A fome e a abundância: história da alimentação na Europa*. Bauru: Edusc, 2003.

_____. "Estruturas de produção e sistemas alimentares". In: FLANDRIN, Jean-Louis; MONTANARI, Massimo. In: FLANDRIN, Jean-Louis; MONTANARI, Massimo. *História da alimentação*. São Paulo: Estação Liberdade, 1998.

204 Rubens Leonardo Panegassi

MORA, José Ferrater. *Dicionário de filosofia*. Tomo II (E-J). Campanário. São Paulo: Edições Loyola, 2001.

NAVA, Pedro. *A medicina de Os Lusíadas e outros textos*. Cotia: Ateliê Editorial, 2004.

_____. *Capítulos da história da medicina no Brasil*. Cotia/Londrina/ São Paulo: Ateliê Editorial/Eduel/Oficina do Livro Rubens Borba de Moraes, 2003.

NEWMAN, James L. "Wine". In: KIPLE, Kenneth F.; ORNELAS, Kriemhild Coneè. *The Cambridge world history of food*. Cambridge: Cambridge University Press, 2000.

NORTON, Marcy. "Tasting Empire: Chocolate and the European Internalization of Mesoamerican Aesthetics". In: *AHR* 111, n° 03, jun. 2006, p. 660-691.

O'GORMAN, Edmundo. "Estudio Preliminar". In: ACOSTA, José de. *Historia natural y moral de las Indias*. México: Fundo de Cultura Económica, 1962.

_____. *La invención de América:* investigación acerca de la estructura histórica del nuevo mundo y del sentido de su devenir. México: Fundo de Cultura Económica, 2003.

OLIVEIRA, Flávia Arlanch Martins de. "Padrões alimentares em mudança: a cozinha italiana no interior paulista". In: *Revista Brasileira de História*. São Paulo: ANPUH, vol. 26, n° 51, jan./jun. 2006, p. 47-62.

OLIVEIRA, Silvana P. de.; THÉBAUD-MONY, Annie. "Estudo do consumo alimentar: em busca de uma abordagem multidisciplinar". In: *Rev. Saúde Pública*. São Paulo: USP, 31(2), 1997, p. 201-208.

O'MALLEY, John W. *Os primeiros jesuítas*. São Leopoldo/Bauru: Editora Unisinos/Edusc, 2004.

PAGDEN, Anthony. *La caída Del hombre natural. El indio americano y los orígenes de la etnologia comparativa*. Madrid: Alianza Editorial, 1988.

_____. *Povos e impérios: uma história de migrações e conquistas, da Grécia até a atualidade.* Rio de janeiro: Objetiva, 2002.

_____. *Señores de todo el mundo. Ideologías del imperio en España, Inglaterra y Francia (en los siglos XVI, XVII y XVIII).* Barcelona: Ediciones Península, 1997.

PALANQUE, J. R. "La paix constantinienne". In: FLICHE Augustin; MARTIN Victor (org.) *Histoire de l'Églisedepuis les origines jusqu'à nos jours. De la paix constantinienne à la mort de Théodose.* Paris: Bloude & Gay, 1945.

_____. "Le catholicisme religion d'État". In: FLICHE Augustin; MARTIN Victor (org.) *Histoire de l'Églisedepuis les origines jusqu'à nos jours. De la paix constantinienne à la mort de Théodose.* Paris: Bloude & Gay, 1945.

PERLÈS, Catherine. "As estratégias alimentares nos tempos pré-históricos". In: FLANDRIN, Jean-Louis; MONTANARI, Massimo. *História da alimentação.* São Paulo: Estação Liberdade, 1998.

PERRY, Marvin. *Civilização ocidental: uma história concisa.* São Paulo: Martins Fontes, 1999.

POMPA, Cristina. *Religião como tradução:* missionários, *Tupi e "Tapuia" no Brasil colonial.* Bauru: Edusc, 2003.

PRODI, Paolo. *Uma história da justiça: do pluralismo dos foros ao dualismo moderno entre consciência e direito.* São Paulo: Martins Fontes, 2005.

RAMINELLI, Ronald. "Da etiqueta canibal: beber antes de comer". In: VENÂNCIO, Renato Pinto; CARNEIRO, Henrique. *Álcool e drogas na história do Brasil.* São Paulo/Belo Horizonte: Alameda/Editora PUC Minas, 2005.

RIERA-MELIS, Antoni. "Sociedade feudal e alimentação". In: FLANDRIN, Jean-Louis; MONTANARI, Massimo. In: *História da alimentação.* São Paulo: Estação Liberdade, 1998.

ROZIN, Paul. "La magie sympathique". In: FISCHLER, Claude (sous la direction de). *Manger magique. Aliments sorciers, croyances comestibles. Autrement, Coll. Mutations/Mangeurs* n° 149, Paris, 1994, p. 22-37. Disponível em: http://www.lemangeur-ocha.com/fileadmin/contenusocha/02_magie_sympathique.pdf.

SANTOS, Carlos Roberto Antunes dos. "A alimentação e seu lugar na História: os tempos da memória gustativa". In: *História: Questões & Debates*. Dossiê: História da Alimentação. Curitiba: Editora UFPR, n° 42, 2005, p. 11-31.

SKINNER, Quentin. *As fundações do pensamento político moderno*. São Paulo: Companhia das Letras, 1996.

SOLER, Jean. "As razões da Bíblia: regras alimentares hebraicas". In: FLANDRIN, Jean-Louis, MONTANARI, Massimo. *História da alimentação*. São Paulo: Estação Liberdade, 1998.

SOUZA, Laura de Mello e. *O diabo e a terra de Santa Cruz: feitiçaria e religiosidade popular no Brasil colonial*. São Paulo: Companhia das Letras, 1986.

_____. *Inferno Atlântico: demonologia e colonização: séculos XVI-XVIII*. São Paulo: Companhia das Letras, 1993.

STOLS, Eddy. "Gustos y disgustos en la confrontación y el intercambio alimenticios entre España y Flandres (siglos XVI y XVII)". In: CRESPO SOLANA, Ana; HERRERO SÁNCHEZ, Manuel (coordinadores). *España y las 17 provincias de los Países Bajos. Una revisión historiográfica* (XVI-XVIII). Córdoba: Universidad de Córdoba/Ministerio de Asuntos Exteriores/Fundación Carlos de Amberes, 2002.

THOMAS, Keith. *O homem e o mundo natural: mudança de atitude em relação às plantas e aos animais, 1500-1800*. São Paulo: Companhia das Letras, 1996.

UTERMOHLEN Virginia. "L'horaire des repas et les exigences biologiques". In: AYMARD, Maurice; GRIGNON, Claude; SABBAN,

Françoise (direction). *Le temps de manger:* alimentation, emploi du temps et rythmes sociaux. Paris: Editora de la Maison des sciences de l'homme: Institut national de la recherche agronomique, 1993.

VAINFAS, Ronaldo. *A heresia dos índios: catolicismo e rebeldia no Brasil colonial.* São Paulo: Companhia das Letras, 1995.

VALERI, Renée. "Alimentação". In: *Enciclopédia Einaudi,* vol. 16. Homo-Domesticação/Cultura material. Lisboa: Imprensa Nacional/Casa da Moeda, 1989.

_____. "Fome". In: *Enciclopédia Einaudi,* vol. 16. Homo-Domesticação/Cultura material. Lisboa: Imprensa Nacional/Casa da Moeda, 1989.

VIVEIROS DE CASTRO, Eduardo. *A inconstância da alma selvagem – e outros ensaios de antropologia.* São Paulo: Cosac Naify, 2002.

AGRADECIMENTOS

Primeiramente, gostaria de expressar minha profunda gratidão à Profª Laura de Mello e Souza, que tem acompanhado minha trajetória acadêmica com generoso interesse e respeito desde a Iniciação Científica. Sua afável atenção tem sido, para mim, um permanente estímulo à pesquisa e ao conhecimento.

Agradeço também à Profª Marina de Mello e Souza que gentilmente me acolheu e orientou durante o primeiro ano deste mestrado.

Ao Projeto Temático *Dimensões do Império português: investigação sobre as estruturas e dinâmicas do Antigo Sistema Colonial* (Fapesp – Cátedra Jaime Cortesão), sou grato pelo ambiente sempre agradável e estimulante dos seminários dos núcleos temáticos, em especial os do *Núcleo de Cultura e Sociedade*, coordenado pelas professoras Ana Paula Torres Megiani e Leila Mezan Algranti, a quem deixo meus agradecimentos.

Ao *Grupo de Estudos Fernand Braudel*, coordenado pelo Prof. Lincoln Ferreira Secco e pela colega Marisa Midore Deaecto manifesto, aqui, meus agradecimentos. A leitura sistemática dos trabalhos desse grande historiador tem sido fundamental para minha formação.

Agradeço também ao Prof. Pedro Puntoni e a todos os colegas que participaram do grupo de estudos do livro *As Vésperas do*

Leviathan. Essa experiência foi de grande valia para mim, uma vez que me colocou a par de um debate tão atual quanto motivador.

No Departamento de História da Universidade de São Paulo, sou grato aos meus mestres que, de algum modo, também têm se dedicado ao tema da alimentação: os professores Ulpiano Toledo Bezerra de Meneses, Adone Agnolin e Henrique Carneiro.

Minha experiência em Congressos e Simpósios de História foi, também, muito importante para o desenvolvimento deste estudo, principalmente por meio de discussões e dicas bibliográficas. Deixo aqui meus agradecimentos, portanto, a Antonio Rodrigues, Christiane Figueiredo, Kalina Vanderlei, Maciel Henrique, Marco Antonio Soares e Sylvia Lenz.

São inúmeros os colegas do programa de pós-graduação da USP com quem pude compartilhar os caminhos desta pesquisa. Entre eles, deixo aqui minha gratidão a Aldair Carlos Rodrigues, Alexandre Câmera Varella, Antonio Jaschke Machado, Bruno Feitler, Gustavo Accioli Lopes, Gustavo Henrique Tuna, Joana Monteleone, Juliana Fujimoto, Luciana Gandelman, Luis Filipe Silvério de Lima, Luiz Lima Vailati, Márcia Moisés Ribeiro, Marco Cabral, Maria Aparecida de Menezes Borrego, Rosana Andréa Gonçalves, Rui Luiz Rodrigues, Sérgio Alcides Pereira do Amaral e Sidney Pires.

Sou grato aos meus pais, Rubens Panegassi e Maria do Carmo R. Panegassi, que sempre me apoiaram de modo incondicional. Agradeço também às minhas irmãs Iara, Valéria e Loeci, todas elas contribuíram, de algum modo, para a realização deste estudo. Agradeço ainda à minha querida companheira e amiga Marcia Regina Jaschke Machado, que sempre esteve ao meu lado e soube me apoiar em todos os momentos. A ela dedico este livro.

Por fim, agradeço à Fapesp pela bolsa concedida e que permitiu dedicar-me exclusivamente ao desenvolvimento desta dissertação de mestrado.

Esta obra foi impressa em Santa Catarina no outono de 2013 pela Nova Letra Gráfica & Editora. No texto foi utilizada a fonte Garamond Premier Pro em corpo 11 e entreliha de 15 pontos.